「左翼革命」と自民党崩壊

政界大動乱同時ドキュメント

門田隆将

WAC

はじめに

十年後ならいざ知らず、目の前で同時並行的に進む出来事を客観的、かつ俯瞰《ふかん》的に見ることは、簡単ではない。

二〇二二年七月八日に安倍晋三元首相が暗殺されて以降、日本で、自民党で、進行しているものは「何」なのか、と問われて、即答できる人は少ないだろう。

しかし、暗殺事件後に起こったことを客観的に捉《とら》えていけば、なにも十年という歳月をもらわなくても、ある程度の「かたち」を見ることができる。

それは、自民党の「左翼革命」である。

日本社会が「安倍晋三」を失って、日本の伝統や文化、そして誇りを大切にし、国際圧力とも毅然《きぜん》と対峙していく気運は、一気に減退した。それとは逆に、自民党内の左翼・リベラル勢力が、俄然、力を増した。

それまで、安倍が率いる清和会（安倍派）が党内で力を発揮し、安倍の国家観や歴史観が党内をある程度、支配していたのは事実だ。

だが、その保守・現実政治家の死去後、せっかく築いた価値観や政策の数々が音を立てて崩壊していくさまを私たちは目《ま》のあたりにした。

そして、二〇二四年九月二十七日、国民は自民党「左翼革命」の総仕上げを目撃した。九人の候補者が乱立した自民党総裁選の「本選（一回目投票）」で、高市早苗・経済安全保障担当大臣は、圧倒的な「一位」となった。

国の究極の使命は、国民の生命と財産、領土、領海、領空、資源、そして国家の主権、名誉を守り抜くこと、と訴え、そのためには外交力、防衛力、経済力、技術力、情報力、人材力を強くすることを挙げ、アベノミクスを継承した「サナエノミクス」を提唱した安倍の後継者・高市早苗。だが、この日、高市は、最後の最後、「決戦投票」で石破茂に逆転負けを喫したのである。

石破は、本文でも記すように、〝党内野党〟として朝日新聞を代表とする日本の左派メディアの意見を代弁する役を担《にな》い、〝うしろから味方を撃つ男〟、〝裏切り政治家〟など数々の異名を持ち、生前の安倍に「石破だけは総理にしてはいけない」と言われた人物だ。

自民党に批判的で、立憲民主党など野党と政策や思想が近い。その石破が高市を逆転し、自民党総裁となり、第百二代の日本国総理大臣となった。

二百十五票対百九十四票。自民党決戦投票のうち議員票は、石破が「百八十九票」であり、高市が「百七十三票」だった。

「石破茂」と書いた議員のうち、十一人が「高市早苗」と書けば、日本は伝統と文化を重んじ、外交・安全保障で国難を乗り切ることができる力強い「初の女性総理」を国家のリーダーとして戴《いただ》くことができた。

しかし、それは水泡《すいほう》に帰した。

逆に、自民党は「左翼革命の完成」を高らかに宣言し、本文で詳述するように「日本のメルトダウン」が始まったのである。

日本は自ら「復活」のチャンスを摘《つ》んだ。そして、迫り来る中国の軍門に下る「第二のウイグル化」さえ懸念される道を歩み始めた。

それが、二〇二四年自民党総裁選である。

一カ月後、石破首相は、政権選択選挙である衆院選において、自民党議員を四分の一も落選させる大敗北を喫して「少数与党」に転落させた。

自ら設定した「自公与党で過半数」という極めて甘い〝勝敗ライン〟も大きく下回った惨敗だった。だが、石破首相は、「国政は一瞬たりとも停滞が許されない」という意味不明の表明をして、総理の座にしがみついた。

その結果、国会で予算委員会や法務委員会、国家基本政策委員会などの委員長ポストや、憲法調査会の会長ポストを立憲民主党に譲り渡して国会での主導権を失った。

自民党「左翼革命」がもたらした大混乱――「台湾有事は日本有事」と故・安倍元首相が憂慮した事態が刻々と近づく中、日本はどうなるのか。

中国やロシア、北朝鮮は、日本国を守ることができる毅然とした政権ができるまで待ってはくれない。

国家存続の岐路で「選択を誤った」日本のメルトダウンを同時ドキュメントでお届けし、いかに日本を立て直すか、その「道」を探る。

（文中敬称略）

筆　者

「左翼革命」と自民党崩壊

政界大動乱同時ドキュメント

目次

DTP：メディアネット
装幀：須川貴弘（WAC装幀室）

第一章

高市早苗の「あり得ない」敗北

「変わること」を拒否した自民党

「負けた……すごいね。すごい政党だね、自民党」

二〇二四年九月二十七日午後三時二十分過ぎ、石破茂総裁の誕生が逢沢《あいざわ》一郎・自民党総裁選挙管理委員会委員長から発表された瞬間、私は文化人放送局の生放送で思わずそう呻《うめ》いていた。

総裁選開票特番のＭＣを務めていた山岡鉄秀がこう引き取った。

「これが、自民党が出した答えです。自民党は〝変わること〟を拒否しました。あれほど人気のなかった石破さんに、本当に全力で、何がなんでも、たとえ石破であっても〝高市だけは阻止する〟という方向で議員たちが動いたのです」

私は溜息を抑えられないまま、こう絞《しぼ》り出した。

「自民党そのものが左翼リベラル政党だから、そのなかで高市さんがどう戦うかということでは、もともと厳しかったんですが、だんだん保守・現実派の主張というものが受け入れられてきて、ネットでも高市さんの意見がきちんと理解されてきました。

そして党員票がトップになりました。議員票も七十二票もとり、石破候補らを圧倒した。しかし、決選投票では、自民党の議員たちだけは〝高市総裁誕生を許さなかった〟ということです。これで自民党は〝左翼リベラル政党〟であることを宣言した。これからの自民党は悲惨ですよ」

私は、自民党の「左翼革命」が成った瞬間を、そう表現した。

もし、選挙になれば、石破茂を担いで自民党が勝てる可能性はない。私は、自民党議員が死屍《しし》累々《るいるい》となる選挙の惨状を思い浮かべてそう言ったのである。

自民党に批判的で、立憲民主党に政策や思想が近い〝党内野党〟の石破は、「次の総理は誰がいいか」を問う世論調査で、これまで一定の数字を出してきた。

野党支持者が「石破」と答えるのだから数字は少し上がるが、しかし、それは間違っても「自民党には投票しない人々」であり、選挙の際には何の役にも立たない。

ましてや自民党批判をするために「石破を利用」してきたマスコミが、いざ石破が自民党総裁になれば、批判する側に転じることも疑いない。

さらに自民党を支えてきた保守・現実派の国民が、石破首相なら完全に離れていく。

「石破だけはダメだ」と生前の安倍晋三が言っていたことは、もちろん保守派で知らない者はいない。

あらゆる意味で「石破自民党」が選挙に勝利することなど、あり得ないのである。

私の隣に座っていた出演者のシンガーソングキャスターのｓａｙａは、

「こんな自民党だったら、もう要《い》らないですよ、ホント。もう、こんな……」

と、怒りを通り越して呆れ果てた表情を浮かべた。

山岡は、少し落ち着いてきたようすで、こうつづけた。

「高市さんに確かに期待が集まりました。しかし、自民党全体に対しては、国民は失望しているんですよね。構造としては、その自民党の中における〝唯一の選択肢〟として高市さんがいたわけです。しかし、議員のほうは違った。やはり自民党の〝構造〟自体はこういうことだったのです」

私は、前年十二月以来、高市と全国でダブル講演会を十三回も行い、「日本を救えるのは高市さんしかいない」と訴えてきた経緯がある。

長年の取材と経験から、私は〝平和ボケ自民党〟の実態を知っている。議員たちの大半は、日本がどんな「存続の岐路」に立っているのか、危機感がほとんどない。

中国共産党が日本をどうしようとしているのかも知らない。日本を守るための戦略や、それ以前に、きちんとした「国家観」や「歴史観」も持っていない議員が残念ながらほとんどだ。

多くの議員たちが持っているのは、「エリート意識」と、自分たちは選ばれた人間だという「選民思想」、そして、なんでも自分たちの思い通りになるという「万能感（全能感）」にほかならない。

政権党として戦後、君臨してきた自民党の議員には、自分の持ちうる力を最大限、注ぎ込んで、国、あるいは国民のために尽くそう、などと考える者など、現実には少数なのである。

ひたすら自分を議員に押し上げてくれた支援団体や企業、業界……等々の「利益を実現するために」国会で活動している人たちにほかならない。

自民党は安倍政権下で、史上初の国政選六連勝を成し遂げた。現在の自民党議員には、その安倍政権下でバッジをつけてきた議員たちが多い。

さすがに「何の苦労もなく」と言ったら語弊《ごへい》があるが、盤石《ばんじゃく》の態勢を築き上げた稀代の戦略政治家・安倍晋三首相のもとで、その戦略に「つき従ってさえいれば」議員バッジは約束されてきたといっていい。

しかし、そのエリートたちは、「恩恵」は享受しても、安倍晋三というリーダーの「精神」や「国家観」をまったく引き継いでいなかったことが証明されたのである。

七年八カ月にわたって中国の剝《む》き出しの覇権主義と戦い、「自由で開かれたインド太平洋構想」という名の中国抑え込みの世界戦略を打ち立てた〝国際リーダー〟安倍晋三。その意義を、当の自民党議員が理解できていなかったこともまた、「高市敗北」は表わしていた。

湧き上がる拍手

千代田区永田町二百二十一番地に屹立《きつりつ》する衆議院第一議員会館の一階大会議室は、その瞬間、異様な空気に包まれた。

（えっ）

声にもならない声が会場を支配したのである。

高市選対で総裁選を戦ってきた国会議員たちは、投開票の現場である自民党本部八階の大ホールにいる。距離にして、わずか五百メートルほどしか離れていない。

選挙戦の「実働部隊」となった秘書や地方議員たちは、この大会議室に「高市早苗候補　報告会」の会場を設定し、今や遅し、と「吉報」を待っていたのだ。ゆうに百人以上が入るこの大会議室は、普段は、シンポジウムや記者会見などで使用される。だが、総裁選では、初日の高市候補の「決起集会」と、投開票日のこの「報告会」のために高市事務所が早々に抑えており、この日、〝高市部隊〟の面々が集合していたのだ。

まさに「言葉を失う」とは、このことだろう。

その場にいた六十人ほどの秘書や地方議員たちは、一回目投票において高市が圧倒的票数でトップに立ったことで勝利を確信していた。

（相手は石破さんだ。必ず勝てる）

（もはや負ける要素がない）

口には出さずとも、誰もがそう確信していた。

石破は、党内で人望もなければ、仲間もほとんどいない。「水月会《すいげつ》」というわずか二十人の派閥さえ維持できず、空中分解していた。

政策や信条が近い野党の支持者からこそ人気があるが、コアな自民党支持者からは、

「まったく」と言っていいほど支持も人気もない。

そのことを大会議室に集まった関係者は誰もが知っている。

しかし、逢沢選管委員長の口から出た新総裁の名は、「高市早苗」でなく「石破茂」だったのである。

大会議室にいた参加者の一人は、そのときの様子をこう語る。

「一瞬で、〝言葉のない世界〟になってしまいました。まさに〝絶句〟ですね。誰も言葉を発することができず、異様な空間になりました」

不思議な感覚だった。

「言葉を発したくない、また、誰にも話しかけられたくない、という感じだったと思います。そんな状態で数分間、〝固まっていた〟と思います」

秘書や地方議員たちは、スクリーンに映し出される総裁選の映像をただ黙って見ていたのである。だが、茫然自失《ぼうぜんじしつ》の状態でいつまでもいることは許されない。

両院議員総会を終えた高市陣営の国会議員たちが、この大会議室にまもなく帰って来るからだ。

秘書の一人がお茶や水のペットボトルの回収を始めた。一人が動きだすと、一人、また一人と立ち上がった。

高市軍団の面々は、飲み物などの回収を黙々と行なった。そして、これから来る議員たちのために新たな飲み物を机に置き始めた。

やがて、議員たちが戻ってきた。

追うように高市本人もやって来た。時計は午後四時二十分を差していた。あの衝撃の敗戦から一時間しか経っていない。

大会議室は総立ちの拍手。迎えられた高市は、悔しさと疲れを微塵《みじん》も見せず、日の丸に一礼したあと、あらゆる方向に頭を下げた。

高市をねぎらう拍手はなかなか収まらなかった。

「お力添え、一生忘れません」

演台のうしろには、「FIGHT　ON！　SANAE　FOR　JAPAN」（戦え！　さなえ　日本のために）」というパネルボードが置かれ、その上には生中継を映し出すスクリーンがあり、左右には、

〈初の女性総理へ〉

〈時代は「誰」を求めるか〉

という幟《のぼり》が立てられていた。にっこり笑みを浮かべた写真の下に「高市早苗」とだけ書かれたブルーとグリーンの幟もある。

正面に向かって左右の両サイドに、縦に三列、長机が置かれ、先に着いた議員たちがそこに座っていた。

正面から皆に向かった形で座る右側の〝幹部席〟には、中曽根弘文、古屋圭司、衛藤晟一、そして有村治子の各議員が座り、中央の演台を挟《はさ》んで左側に高市本人が座った。

まず、選対本部長を務めた中曽根弘文が挨拶に立った。

「高市総裁誕生を私は信じて疑っておりませんでしたので、このような敗戦と言いますか、ご挨拶は全く考えておりませんでした。今回の選挙では、先生方、団体の皆さん、都議会、あるいは地方議会の皆さん、多くの皆さんに本当にお世話になりました。にもかかわらず、このような結果になりましたことを選対本部長として心からお詫びを申し上げます。大変、大きな責任を感じております。申し訳ありませんでした」

淡々とした中にも、悔しさが隠し切れない中曽根。だが、温厚な人柄は、そのまま滲《にじ》み出ていた。

「高市候補は、本当に先頭に立って、国家のために、総裁、総理になって、この国をよい国にして、子や孫に引き渡したいという気持ちで全国行脚《あんぎゃ》を行なってくれました。

そして、本当に夜も眠らないで、頑張ってくださいました。高市さんにも、本当にありがとうございました、お疲れさまでございました、と言わせていただきます」

この場にいる人間は、ただ「日本のために」奮闘をつづけた高市の懸命な姿を知っている。全員が頷《うなず》きながら、中曽根の話に耳を傾けた。

「負けはしましたけれども、高市早苗という議員が、国家にとってなくてはならない、本当に重要な方であることがわかっていただけたと思います。そのことは皆さんが一番よくご存じだと思います。その我々が、しっかりと、また高市候補とともに、この国をさらに将来に発展するように、みんなで力を合わせていこうではありませんか。

言葉は足りませんが、心からお詫びを申し上げ、感謝を申し上げて、一言、お礼の挨拶とさせていただきます。本当にありがとうございました。今後ともよろしくお願い致します」

見事な挨拶だった。まだ敗戦のショックから立ち上がれない、かけがえのない高市の仲間たちは、選対本部長のこの挨拶を大きな拍手で包み込んだ。

次は高市本人である。

悔しさと疲れを感じさせない高市は演台に立った。日の丸に一礼し、話し始めた高市の表情は険しかった。

「本当に、名前を出して、顔を出して、応援してくださった国会議員の先生方、また秘書団の皆さまも含めて、政治生命がかかった戦いを一緒にしていただいた皆さま、私が負けてしまったということの重大さを今、痛感しております。本当に申し訳ございませんでした」

高市はそう語り出した。

「もう、私の力が足りなかった、それだけでございます。本当に、こんなに、こんなに、沢山の方に助けていただいたのに、こんなに、沢山の自民党員の方に投票していただいたのに、結果を出せず、もう自分を、自分を、責めるばかりでございます。本当に申し訳ございませんでした」

本当に申し訳ございませんでした、と高市はくり返した。

「でも、また少しでも、少しでも、私で役に立てることがあったら、皆さま方のために少しでもお役に立てることがあったら、恩返しをつづけてまいりますので、どんなことでもお申しつけください。

私には、ワーク・ライフ・バランスなんてものはありません。働いて、働いて、働いて、働きまくります。また、もう本当に初心に帰ります。もう、ゼロからのスタートですけれども、頑張ります。皆さまの友情とお力添え、一生忘れません。本当にありがとうございました」

そう言うと高市は深々と頭を下げた。

お詫びと感謝。「皆さまの友情とお力添え、一生忘れません」との言葉が出席者の胸に響いた。

本選でトップに立ち、決選投票でまさかの逆転負けを喫したものの、総理の椅子《いす》に座る寸前まで迫ったのは、この場にいる仲間たちのおかげである。

感謝してもし尽くせないその仲間たちへの万感を込めた挨拶だった。

拍手は、また鳴りやまない。たしかに高市軍団は強かった。どの陣営にも結束力で負けなかった。そして、戦略も負けていなかった。

最後の最後に勝利の女神が背を向けただけである。高市は、一人ひとりと握手し、互いをいたわり合った。

涙ぐむ仲間もいた。結果に納得できない仲間もいた。

握手し、抱き合い、語り合って、気丈《きじょう》に仲間との会話をつづける高市の姿は、総裁選にかけた高市の熱い思いと、同時に、はかり知れない悔しさを漂わせていた。

第二章

異例だらけの総裁選

「石破茂」という男

「まさか石破さんが総理になるときが来るなんて……」

そんな言葉を政界関係者からどれほど聞いただろうか。

二〇二四年自民党総裁選で「石破が勝つ」と予想した人がいたなら、その人はよほどの「政治音痴《おんち》」か、もしくは将来を完全に見通せる「預言者」のどちらかだろう。

総裁選に挑戦すること五回。二〇二一年の前回の総裁選には、そもそも出馬も叶《かな》わず、〝小石河〟の一角・河野太郎を支援する側にまわり、その前年の二〇二〇年総裁選では、トップとなった菅義偉《すがよしひで》が三百七十七票を得たのに、わずか六十八票しか取れず、二位岸田文雄の後塵《こうじん》を拝して最下位に沈んでいる。

「これが最後」という五回目の挑戦で石破が勝ち抜けることなど、誰も思ってもみなかった。

そもそも石破が「二十人」の推薦人を集められると思っていた政界関係者はどのくらい居たのだろうか。

前述のように野党支持者が石破の名を挙げるために、世論調査でそれなりの数字を出し、左派マスコミが石破を応援する記事は書くものの、自民党内では不人気を絵に描いたような人物である。だが、その政治家が実際に「総理の座」を射止めてしまったのだ。それこそが「左翼革命」なのだが、それは後述するとして、石破の不人気には当然、理由がある。

ここでは、それを理解するために自衛隊をめぐる「二つの事件」を紹介する。

この二つの出来事を敢えて取り上げるのは、それがわかれば、自民党内の不人気だけでなく、なぜこれほどのベテラン議員でありながら、ここまで「不遇をかこってきたのか」が明らかになると思うからである。

一つは、石破が防衛大臣時代の二〇〇八年二月十九日未明に房総沖で起きた海上自衛隊のイージス艦「あたご」と、漁船・清徳丸《せいとく》が衝突した海難事件である。

この事故によって、清徳丸の船長（五八）とその長男（二三）が海に投げ出されたまま行方不明となり、その後、死亡認定された。

業務上過失致死罪などに問われた当時の当直士官二人が「あたご側に回避義務はなかった」と、のちに刑事裁判で無罪が言い渡された事件である。

問題は、この事件の際の防衛大臣が石破であり、その対応が、今も「絶対に許せない」と、自衛隊内で語り継がれていることだ。いったいどういうことなのか。

元海上自衛隊幹部がこう述懐する。

「石破さんが事件のときにとった行動は、指揮官として考えられないものでした。事故直後に内局が石破大臣と連絡をとろうとしても、まずなかなか取れませんでした。防衛大臣や自衛隊幹部たちには、当然、あらゆる事態に備えて緊急に連絡がとれる態勢になっています。しかし、大臣にだけは、なかなか取れなかったですね。どこで何をされていたのかはわかりません。そして、やっと連絡を受けて登庁してきた大臣は、幹部たちを集めて〝ただちに国民に対して説明責任を果たせ〟と命令を下しました」

すでにマスコミの凄まじい自衛隊攻撃は始まっていた。最初から石破大臣の命令は「徹底的に事実究明を行なえ」ではなく、「国民に対する説明責任を果たせ」だったのだ。

「事件の翌々日、石破大臣は、この段階で海上幕僚長を伴ってご家族に謝罪を行ないました。自衛隊への世間の攻撃が激しくなる中、大臣はまず〝謝罪〟のパフォーマンスをしたのです。事実関係を確かめることもなく、部下たちの梯子《はしご》を外しました。

のちに当事者である艦長も、そして、当時の福田康夫首相も、家族のもとに謝罪に出向くのです。お見舞金も出したので、完全に〝非は自衛隊にあります〟と宣言したのと同じです。事実関係や、現場の声は、完全に無視されました」

現場は海上保安庁の調査に協力しながら、粛々と事実究明を進めたが、

「直後に大臣室から〝航海長を呼んで来い〟との命令があったことも忘れられません。現地から〝あたご〟の航海長を防衛省に連れてこい、というのです。あのとき、江渡聡徳《えとあきのり》防衛副大臣がヘリで現地に向かおうとしていたので、その帰りのヘリに乗せてこい、というわけです。これもあとで批判を浴びます。というのも、海上保安庁が調査しているときに、わざわざ当事者の航海長を連れてくるなんて、防衛省が隠蔽《いんぺい》工作をしていると疑われてしまいますからね」

案の定、大非難が巻き起こり、国会で追及されることになった。自衛隊幹部が怒ったのは、その際の石破大臣の国会での答弁である。

「石破大臣は、自分が聴取したのは、海上自衛隊だけでやったら隠蔽が疑われる。それはまずいので、自分が乗り出して聴取した、と答弁したのです。驚きました。そして〝これは、今でもやるべきことだったと思う〟と言うのです。ここでも部下に責任をなすりつけている。そして、自分の部下を隠蔽などやりかねない連中だった、と取られても仕方がな

い答弁をしたのです。あくまで自分の行動を正当化し、責任回避をはかることを優先した。なぜ航海長を呼んだのか。きちんと自分がその考えを述べるべきであって、部下が勝手に呼んだが、文民統制があるので自分が聴取に乗り出した、などと言うべきではないはずです。明らかにおかしいですよ」

海上幕僚長以下、大量の処分者を出した自衛隊の嫌疑は、前述のとおり、五年の歳月を経て刑事裁判で「あたご側に回避義務はなかった」との結論が出る。しかし、時すでに遅し、である。

「あの事件で、関係者はことごとく処分されました。辞めた人間もいるし、海から上がって研究職に針路を変えたものもいる。しかし、石破さんは知らん顔です。事実関係が明らかになる前に部下の梯子を外し、〝すべての非は自衛隊にある〟と謝罪してしまったことの責任は重大です」

自衛隊側には問題はなかった、との刑事裁判の結論が出たときの防衛大臣は小野寺五典である。

「小野寺大臣は、すでに厳罰に処されていた航海長など、当事者たちの処分の見直しをしてくれました。処分の見直しは、前代未聞です。停職処分などは自衛隊内部では〝重処分〟と呼ぶのですが、それを取り消して停職三日などの〝軽処分〟に変えてくれました。当事者たちは、すでに昇進や昇給も抑えられてしまって、生活に困るぐらいのダメージを受けていましたが、せめて埋め合わせで特別昇給などをやってくれたわけです。上に立つ人間は、世論などに動かされるのではなく、あくまで事実究明を最優先してほしいというのが現場の思いです」

そして、元海自幹部はこう語気を強めた。

「とにかく、石破大臣は責任逃れに汲々《きゅうきゅう》としている。世論ばかり気にしていて、事実究明や、部下を思いやることなどが、まったくない。部下を残して敵前逃亡する人間です。幕末、徳川慶喜《よしのぶ》は大阪城に部下たちを残して江戸へ逃げ帰りましたよね。それと同じです。私は、少なくとも〝上に立つべき人間〟ではないと思っています」

未だ怒りが収まらないのはもっともである。

だが、海上自衛隊だけでなく、陸上自衛隊でも石破の評判はすこぶる悪い。その理由は、イラクに派遣した自衛隊の視察をめぐるドタバタ劇にある。これが二つめの事件だ。

イラク戦争で陸上自衛隊は、イラク南部サマワで復興支援活動を実施した。

野党から「戦闘中の場所に自衛隊を派遣するのか」と激しい非難が起こる中、小泉純一郎首相が、「自衛隊が活動している地域が〝非戦闘地域〟だ」と国会で答弁するなど、さまざまな波紋を呼んだ、あの長期にわたった一連の自衛隊派遣である。

今度は陸上自衛隊の元幹部に証言していただく。

「あのとき、二〇〇三年から二〇〇四年まで、石破さんは防衛庁長官でした。自衛隊のイラク派遣に大変な尽力をしてくれました。しかし、防衛庁長官として現地を視察されようとしたとき、石破さんは二度もこれを直前でキャンセルされたのです」

どういうことだろうか。

「海外派遣や大規模な災害救助活動でトップが視察に来てくれることほど、現場にとって嬉しく、誇らしいことはありません。命をかけて、また体力の限界まで任務を遂行しているときに、わざわざトップが来てくれることで隊員たちは奮《ふる》い立ちます。特に、あのときのイラク派遣は命の危険もあったし、さまざまなプレッシャーもありました。長官の石破さんは、危険を犯してサマワに視察に来てくれることになったのです」

自衛隊イラク派遣の初期の頃のことである。だが、それは実現しなかった。石破長官が〝ドタキャン〟したからである。

「すべての準備が整い、あとは行くだけの状態になって、長官が急に〝行かない〟と言い出したのです。たしかに現地は完全に安全とはいえません。しかし、そこに隊員を出したのは、石破長官ご自身です。自分で出しておきながら、直前になって〝やっぱり自分は行かない〟と言い出したのには仰天しました。〝視察が報道されてしまい、行くことが危険になった〟との理由でしたが、これには驚きました」

　その土壇場のキャンセルが二度つづいたことに陸上自衛隊の幹部たちは呆れてしまったのだ。そして、次に防衛庁長官になった大野功統《よしのり》が、すぐに現地視察を敢行したことで、石破長官のことが余計、目立ってしまったのである。

「大野さんは、〝おお、これは行かなければならんな〟と、ヘルメットをかぶり、防弾チョッキを着こんで現地視察をしてくれたのです。クウェートを経由してイラクに入り、サマワの陸自の部隊やクウェートの空自の部隊を訪問してくれました。現地の隊員は、それは喜びましたよ。大野さんは、派遣期限の延長の環境を整え、現地の治安情勢や自衛隊に対する評価を確認するという長官としての使命を果たしてくれました。今でも、ヘルメットに防弾チョッキの大野長官の姿は、目に焼きついています」

　二度も土壇場でキャンセルした政治家と、意気に感じてすぐに現地に飛んでくれた政治家――陸上自衛隊で、このことが語り草になっている理由がわかる。

だが、その人物が自衛隊の最高指揮官になったというのは、何という歴史の皮肉だろうか。

最初からおかしかった総裁選

最後に石破茂の大逆転劇が起こった二〇二四年の自民党総裁選は、これまで以上に「中国」の介入が垣間見えたことに特徴があった。

前回の総裁選（二〇二一年）でも、親中派議員の動きや、党員票における中国系企業の〝組織票〟の有無が話題になったことは、まだ記憶に新しい。

端的にいうなら、二〇二四年自民党総裁選の主役は「高市早苗」であり、この政権の誕生を中国は阻止できるかどうか、逆にいえば、「中国にとって都合が悪い政権」を日本人は自分たちの力でつくることができるのか、ということが焦点だったといえる。

「高市に総裁選で票を入れるなら、創価学会票は回さない」

公明党の議員が自民党の議員にそんなことを話している、と永田町で話題になったのは、二〇二四年四月から五月にかけてのことである。

三月二十八日に令和六年度予算が成立し、ちょうど岸田首相の訪米も終わった頃のことだ。

まだ誰が総裁選に出馬するのか、そして、出馬要件の「推薦人二十人」を集められるのは誰なのか等々、まったく「予想もつかない頃」である。

そんな時期から、なぜ「高市早苗」の名前が出てくるのか、不思議といえば不思議だった。

取材にあたっていた政治部記者は、こんな事情を語る。

「二〇二四年の政界の最大イベントは自民党総裁選ですから、あと半年の段階でいろんな政治家の名前が取り沙汰されていたのは事実です。私もその公明党の話を耳にしましたが、知り合いの自民党議員が公明党議員から実際にそう言われていたことを知って驚きました」

公明党といえば「中国」である。両者の結束は、もはや信じがたいレベルにあることは周知だが、私には腑《ふ》に落ちるものがあった。

およそ一カ月後、通常国会の会期末まであと二週間余りになっていた六月六日、文化人放送局「マンデーバスターズ」で、私は、福井県立大学の島田洋一名誉教授とこんなやりとりをした。

「総裁選は〝親中派対高市〟の闘いになるでしょうね。自民党というのは、ほぼ八割が親中派です。その人たちには、さまざまなルートを通じて中国から〝高市だけは総理にするな〟という意向が伝わっています。島田先生はどう思われますか」

私が問うと、島田はこう答えた。

「総理・総裁の可能性がある中で、安倍さんの遺志をしっかり継いでいこうというのは高市さんだけなので頑張って欲しいですね。しかし、やはり総裁選で勝てるかどうか、ですよね。いま公明党が盛んに〝高市は靖國神社に行くだろう。そうしたら中国が怒る。だから高市はダメだ〟ということを、いろんな機会に自民党議員に言っているんですね。自民党議員は、いま支持率が下がっていて公明党票が大事なんですよ。その意見になびいてしまうのが多い中で、やはり高市さんが勝つには、一般の党員の支持がすごく盛り上がっているんだ、ということを自民党議員に見せて、〝この盛り上がりがあるんだったら、逆《さか》らうとまずいな〟と思わせないといけないですね」

すでに島田の耳にも、公明党の動きは入っており、いかに広範囲に高市のネガティブ・キャンペーンが張られていたかがわかる。

総裁選のキーワードとして「公明党」、そして「中国」があることは間違いなかった。

毅然とした対中姿勢

なぜ中国は「高市早苗」を警戒するのか。

「ああ、それは、高市さんが靖國参拝をつづけているからでしょう」

そんなことを簡単に言う向きもあるが、ことはそれほど簡単ではない。

高市が政治生命をかけて取り組んだセキュリティ・クリアランス（ＳＣ）制度創設に向けた「重要経済安保情報保護活用法」は、多くの貴重な情報や技術を日本から抜いていく「中国が念頭にある」ことはいうまでもない。

日本への浸透・侵略をつづける中国にとって、「媚中派ではない」高市は実に厄介《やっかい》な存在だ。

それは、前回の総裁選（二〇二一年）のときに、すでに明らかになっていた。

二〇二一年八月十六日、ＦＮＮのインタビューに応じた高市の姿勢は、日中問題に携わる人間にとって、長く語り草になるものとなった。

さまざまなレベルで日本政府に抗議や圧力をかけてくる中国は、誰もが「相手にしたくない」対象として、いわばタブー視されている。できるだけ虎の尾を踏まないように振舞うのが、いつの間にか永田町や霞が関の「常識」となっている。

しかし、そのインタビューで高市は、中国の脅威や危険性について、堂々とこう語ったのだ。

「日本の学術・研究機関に、中国に近い研究者が入っていて機微技術が流出している問題があります。何が怖いかというと、極超音速ミサイルがマッハ五以上で飛んできます。それが軌道を描いて落ちてくるのではなく、たとえば、レーダーでは捉《とら》えられないような低い高度で、しかも、変則的に飛んでくるんです。そうしたミサイルの開発が進んでいます。

基盤技術である耐熱素材とエンジンは日本の研究・学術機関から持ち出されているという目の前に迫った危機があります。その中で、海外のように人民解放軍と関係のある研究者に一定の入国制約を設けるとか、学術・研究機関に入っていただく場合にスクリーニングする――こういうことを可能にしないといけないんです」

極めて注目すべき発言だった。

高市はそのための「法整備が必要だ」と訴えている。まったく中国に遠慮するそぶりもない。

「日本では特許を取ると公開されることになるので、日本の技術が海外の軍に使われることもあります。だから、一定の分野に関しては〝秘密特許〟を創りたいんです。スパイ防止法というよりは〝経済安全保障包括法〟を作らないといけません」

媚中政治家が闊歩《かっぽ》し、マスコミもほとんどが親中メディアばかりの日本で、普通に「中国の脅威」を語れる政治家。〝タブーなき政治家・高市早苗〟を象徴的に示すインタビューだった。

さらに高市は中国への技術流出の危機について、こうつけ加えた。

「国の究極の使命は、国民の生命を守ること、領土・領海・領空、国家の資源を守ることです。想定される問題は数多くありますが、〝備え〟をしないと日本は大変なことになります。一つの例として、サイバー攻撃があります。いまこれが、急増しています。

もし、民間のインフラが攻撃を受けて、ブラックアウトした場合、これを分析し、反撃するための法律が日本にはないんですよ。放送分野へのサイバー攻撃もあるし、航空機や鉄道や自動車がハッキングされたら命にかかわります。日本は、サイバー対策を徹底しなければなりません」

高市は、この三年前の二〇一八年十二月に、すでに『サイバー攻撃から暮らしを守れ！「サイバーセキュリティの産業化」で日本は成長する』（ＰＨＰ研究所）という単行本を刊行し、各界に警鐘を鳴らしていた。

二〇二四年五月十日、高市は、経済安全保障担当大臣として実際にセキュリティ・クリアランス法を成立させている。

工作の手を日本の政界に伸ばす中国は、多くの自民党議員を親中派にし、野党も多くが軍門に下っている中で、高市だけは、毅然と中国に対峙する姿勢を崩さないのである。

このインタビューのあと、自民党政調会長、さらに経済安全保障担当相を歴任した高市は、日本から中国への輸出で、軍事的な転用をされないように、また日本企業に害をなさないように、あらゆる製品や部材に目を光らせてきた。

岸田政権下では中国に侮《あなど》られ、ＥＥＺ内にミサイルを打ち込まれても国家安全保障会議さえ開くこともできず、連日、尖閣海域に中国公船が押し寄せ、あざ笑うかのように海上ブイもぶち込まれた。

日本政府は、それを撤去できないばかりか、蘇州《そしゅう》では、日本人学校のスクールバスで日本人母子がナイフで襲われ、深圳《しんせん》では、十歳の日本人児童が母親の目の前で無惨にも殺害された。それでも中国への渡航に対する「危険情報」さえ上げられず、常軌《じょうき》を逸した「反日憎悪教育」への抗議もできないありさまである。

そんな中で、毅然とした態度を貫く「高市総理」の実現だけは回避し、「高市をつぶす」ために、中国があらゆる手を打ってくることは当然だった。

自民党内の激変

二〇二三年から二四年にかけて、政界を激震させた政治資金パーティー収入の不記載問題は、来《きた》るべき総裁選にとって〝最大の暴風〟となった。

派閥のパーティー券を売る中で、ノルマを越えて集めたお金を当人に返すという「方法」は、政治資金収支報告書に記載さえすれば何の問題もなかった。

清和会は、会長となった安倍がこの不記載の方針を知って激怒し、ただちにやめるように指示したが、暗殺事件で安倍が逝去すると、たちまちこれが復活するという醜態《しゅうたい》を演じた。

その報いは大きく、清和会は検察のターゲットとなり、政界が激震する。

二〇二三年十二月、特捜部の捜査の中身が明らかになってきた段階で、岸田首相は安倍派所属の閣僚四人、副大臣五人を事実上更迭《こうてつ》した。

弁明を聞くこともなく、有無をいわせぬ処分である。

同時に〝安倍派五人衆〟の中の萩生田光一、世耕弘成、高木毅《つよし》の三人も党要職を解任された。

年が明けて二〇二四年一月、東京地検特捜部は清和会と志帥会《しすい》（二階派）の事務所への強制捜査と議員の任意聴取に乗り出した。

安倍派所属の池田佳隆衆議院議員が逮捕され、同じく衆議院議員の谷川弥一は略式起訴、参議院議員の大野泰正は在宅起訴となった。各議員は、自民党を離党した。

捜査の進展を受けて、国会の動きは慌ただしかった。連日の大報道もあり、永田町は浮足立った。

二月十三日、党内の調査を経て、自民党は不記載が判明した党所属国会議員八十二名、選挙区支部長三名のリストを公表。不記載の最多金額は二階派会長・二階俊博の三千二百五十六万円だった。

この問題は、自民党の六派閥のうち、麻生派（志公会）を除く五派閥が解散するという前代未聞の事態に発展していく。

だが、無派閥の高市にとっては、これが逆に追い風になった。

高市は二〇一一年に清和会（当時の会長は町村信孝）を離脱して以降、無派閥を通しており、この政治資金パーティー券問題でまったく傷を負わなかった。

さらに四月四日、自民党は党本部で党紀委員会を開き、安倍派と二階派の議員ら「三十九人」の処分を決定した。

ノルマを超えた分の返還の扱いを協議した清和会幹部四人のうち、派閥の座長だった塩《しお》谷立《のやりゅう》・元文部科学大臣と、参議院側のトップだった世耕弘成・前参議院幹事長が「離党勧告」処分を受けたのである。

激しい反発をしながら、塩谷、世耕は、自民党から無念の離党。塩谷はそのまま政界引退に追い込まれた。また下村博文・元政調会長と、西村康稔・前経済産業大臣は一年間の党員資格停止となった。

さらに萩生田光一・前政調会長と松野博一・前官房長官は一年間の党の役職停止、高木毅・元国対委員長は党員資格停止六カ月となった。

結局、〝五人衆〟である松野、西村、萩生田、世耕、高木は全員、総裁選に向かって身動きがとれなくなったのである。

高市はすでに前年十一月に勉強会「『日本のチカラ』研究会」（略称・国力研）を立ち上げ、名前を連ねた議員が四十五人もいたことで永田町の話題をさらっていた。

安倍の後継をめぐる動きの中で、高市は一歩、前に出ていたのである。

「この頃の雰囲気を表現するなら、高市さんの動きに皆が神経を尖《とが》らせる、という感じでしたね」

自民党の幹部職員はこう振り返った。

「やはり、旧安倍派が完全にやられていましたからね。高市さんの一挙手一投足を〝監視〟している感じというのかな。高市さんの勉強会にも神経ピリピリというか。表向き〝派閥解消〟といっても、実際には派閥の機能は各派とも維持していましたから、〝高市勉強会には絶対に参加するな〟とのお達しを出した旧派閥もありましたね。

実際に勉強会に行くのは、かなりプレッシャーがあったようです。本来なら、高市の支持母体になるはずの積極財政議連（責任ある積極財政を推進する議員連盟）でも、高市勉強会への出席は不可との指令が上から下りてきて板挟みになる議員もいましたよ。勉強会への出席者が毎回、二十人に届かなかった理由はそこにありました。そのことで〝高市には推薦人が集まらない〟とか、〝高市は完全に包囲されている〟など、マイナス情報が盛んに拡大され、流布《るふ》されていましたね」

だが、党内保守派の代表である清和会の面々が大きな打撃を受け、完全に総裁選への出馬資格を失っていく中で、高市が〝無傷〟で残り、存在感を示しつづける意味は大きかった。

前回の総裁選でも大きな存在感を示した高市だけに、中国や公明党にとっては真の意味で「脅威」だったのである。

第三章

号砲は鳴り響いた

低迷する支持率

二〇二四年五月十日、セキュリティ・クリアランス法案が参院本会議で可決・成立したことで、高市は亡き安倍晋三との約束を果たした。

経済安全保障上、重要な情報へのアクセスを国が「信頼性を確認した人」に限定することができるようにするこの法律は、そもそも安倍の悲願でもあったからだ。

「中国への機密流出をどうしても止めたい」

安倍や高市ら、日本を守りたい保守派議員たちにとって、これは共通の目標だったのである。

改正をくり返して完全な形に持っていくまでには、まだまだ時間がかかるかもしれないが、一年九カ月間にわたって高市は多くのものを犠牲にして、この法案の成立に賭けてきた。

遂にこれを実現し、高市は政治家としての執念を実らせた。

そして高市は、〝中国とも戦える政治家〟として、保守派の信頼をますます勝ち取ったのである。

一方、岸田内閣の支持率は相変わらず低迷していた。

前年のＬＧＢＴ理解増進法の拙速、かつ強引な成立劇で保守・現実派の反発は強く、その後の政治資金問題に加え、岸田首相自身が他派閥のことは徹底的に糾弾しながら、自身の派閥の会計責任者が立件され、有罪となっても、「自分は責任をとらない」という、共感がとても得られない態度に終始した。

国民の反発はそこにあったが、それでも岸田は自身の責任には、頑《かたく》なに触れようとはしなかったのである。

岸田政権の支持率が、ついに最悪、最低を記録したのは、七月十一日のことである。

この日、発表された時事通信の内閣支持率は、「一五・五％」。およそ三週間前（六月二十四日）の毎日新聞でも政権発足後最低の「一七・〇％」を出していたが、さすがに衝撃は小さくなかった。

時事通信は、一九七五年から「対面方式」という同じやり方で長く世論調査を続けており、マスコミの中でも、支持率などは最も数字が低く、かつ「実情が反映される」と言われている。

すべてのマスコミの調査で「発足後最低」がつづく中で、この数字は決定的なものだった。永田町は、

「岸田では選挙が戦えない」

「とにかく〝顔〟を変えることが最重要」

との意見で占められた。

求心力を失った総理大臣ほど惨《みじ》めなものはない。

難問山積の中、国会の会期の延長もできず、閉会中審査も開けず、そもそも内閣改造さえできなくなる。

〝死に体内閣〟につき合ってくれる議員もおらず、旧派閥も入閣リストさえ出してくれない。国対も機能せず、そもそも野党も相手をしてくれなくなるのだ。

岸田首相は、第二百十三回通常国会が終了した段階で、ほぼ、その状態に陥っていた。

「約束した憲法改正はどうした?」

「なぜ会期を延長しないのか」

などと叫んでも、総理自身にその力が「残っていない」のである。それでも、岸田首相は最後まで「総裁選出馬」への道を必死で模索していた。

「不出馬」への決定打

岸田の総裁選出馬の最後の望みは、麻生派の領袖《りょうしゅう》・麻生太郎である。

自民党副総裁として岸田体制を支えた麻生を岸田が頼るのは当然である。だが、とっくに両者の間には大きな亀裂が入っていたことを永田町では知らぬものがなかった。

理由は数多くあるが、ひとつ挙げるとすると、やはり通常国会で最大焦点だった政治資金規正法改正案の問題だろう。

与野党協議の中で、岸田首相は公明党が求めるパーティー券の購入者公開基準を「五万円以上」とすることに勝手に譲歩してしまったのだ。

自民党内を「十万円以上」とする案でまとめていた麻生氏は、梯子を外されたのである。

おまけに「政策活動費」についても、維新の求めに応じ、「十年後に領収書を公開する」という案を改正案に盛り込むことで合意した。

安易な譲歩を何度も戒《いまし》めていた麻生にとって、これは決定的なものだった。

「もはや岸田を支援する根拠はない」

麻生がそんなことを周囲に洩《も》らしていることは、自民党の内外で広まっていた。なかには、麻生の口真似《くちまね》までして、それを伝える議員もいた。

さすがに、党内議論を完全無視する岸田の〝ひとり決め〟のやり方に、麻生副総裁も我慢できなかったのだろう。

永田町では、岸田と麻生の関係修復はもはや「不可能」との観測が支配的になっていった。

先の自民党の幹部職員がこんな解説をする。

「麻生さんからすれば、一月の岸田さんの派閥解散表明から、我慢がならなかったんですよ。岸田首相は表面的には、ずっと麻生さんを立てていたわけですが、肝心なところでは、すべて独断で決めていました。そのことが麻生さんにはわかっていました。つまり、コケにされているわけですから、心中はおだやかではなかったはずです」

麻生が発したコメントがすべてを物語っている。

「政治資金の透明性を図ることは当然だが、同時に将来に禍根《かこん》を残すような改革を我々は断固避けなければならない」

それは、麻生と岸田との政治家としての根本的な違いを表わすものである。

その場しのぎで公明、維新案を丸呑みする岸田。しかし、将来に「禍根を残すような」ものは、麻生は絶対に許容しない。

それは、ＬＧＢＴ問題や、対中国問題、そして歴史観に至るまで、すべてに対してそうだ。

麻生が安倍晋三とは、なぜあれほど価値観を共有できたのか、そして岸田とは、なぜできなかったのか。

政治家として、人として、根本的に違うステージに立つ二人。いずれにしても、岸田は総裁選が迫る中、最も重要な〝うしろ盾〟を失っていたのである。

ネガティブ・キャンペーン

当然、「後継は誰が有力か」が、焦点となっていく。しかし、先行きは不透明だった。

その頃、高市は、東京、仙台、札幌……など、全国の党員支持を掘り起こすべく、私とのダブル講演会を精力的に行なっていた。どの会場も満杯で、保守・現実派の「高市人気」に陰りがないことを証明していた。

まだ総裁選への立候補を考えている政治家たちは「水面下で動いていた」ので、表面的な動きとしては、高市の〝独壇場〟だったと言っていいだろう。

そもそも、支持者が殺到するほどの人気を持つ政治家が高市以外に自民党に存在するはずはなく、後述するように、総裁選で党員票一位を獲得する人気を「この時点で」高市は見せつけていたことになる。

しかし、予想どおり、マスコミは高市へのネガティブ・キャンペーンをスタートさせていた。

安倍を徹底的に叩いてきた左翼メディアが、その後継者であり、靖國参拝も堂々と行ない、国家観も揺るぎない高市に好意を抱くわけがない。

高市に対する表現は常に辛辣《しんらつ》だった。

総裁選を展望する中で、必ず高市には、否定的な記事が掲載された。代表的なものを紹介してみよう。

〈総裁選への道、苦境の高市氏

後ろ盾の安倍氏失い、離れる保守系議員

こう題された朝日新聞の記事（六月十一日付）は、まだ通常国会の開会中の時点で高市の「足元が揺らいでいる」と悪意ある報じ方をするものである。

〈今秋の自民党総裁選への動向が注目される、高市早苗経済安全保障相（衆院奈良2区、63）の足元が揺らいでいる。前回2021年の総裁選で後ろ盾となった安倍晋三元首相が亡くなり、高市氏の支援に回った保守系議員は四分五裂した。岸田文雄内閣の支持率低迷が続く中、高市氏の視界もなかなか晴れない。（中略）

前回、高市氏に投票したある議員は「当然の動き」と手厳しい。「われわれが高市さんを応援したのは、安倍さんに頼まれたからだ」。安倍氏にすれば、高市氏を担ぐことで自身の思想信条に近い「保守層」の離反を防ぐ狙いもあったようだ。

安倍氏は前回総裁選の際、高市氏に「仲間を増やす努力をしないといけない」と助言したことを、周囲に明かしている。だが、その課題は現在も解消されていない。

「総裁選で応援したのに感謝の言葉がない」「支持していたのに勉強会に呼ばれなかった」。

高市氏に寄せられる批判や苦言は、取るに足らないものかもしれない。しかし、こうした小さな積み重ねが「多数決の民主主義」において勝敗を分けることも事実だ〉

高市には人望がなく、前回の総裁選で健闘できたのは安倍元首相のお陰だ、との記事である。いかにも朝日らしい。また、毎日新聞は総裁選を翌月に控えた八月二日の朝刊で〈高市氏「安倍路線継ぐ」強調　政策で実績、党内基盤は弱く〉とのタイトルでこう書いている。

〈自民党総裁選を巡っては、前回2021年に安倍晋三元首相が推し、党内屈指の保守論客で「安倍路線の継承者」とも呼ばれていた高市早苗経済安全保障担当相の動向に注目が集まっている。一方、党内の基盤は弱く、幅広い支持を集められるかが課題だ。

政策面で実績を積み重ねてきた高市氏だが、党内での支持が広がっているとは言いがたい。高市氏は過去に町村派（現安倍派）に属していたが、11年に町村派を離脱し、以後、無派閥として活動してきた。

当時の町村派には町村信孝元官房長官と安倍氏という2人の総裁候補がいたため、高市氏は安倍氏の総裁選出馬に備えるために派閥を離脱したというが、安倍派内には反感を抱く議員もいる。政調会長時代、人事を巡って各派閥に反発したこともあり、「私は党内で嫌われている」と自身を評することもある。（中略）

高市氏は昨年11月、自身が主導する勉強会「『日本のチカラ』研究会」を立ち上げ、国力増強をテーマに今年6月までに会合を計11回開催。ただ、出席者は毎回十数人程度にとどまっている。閣僚経験者は「参謀役がいないのは課題だ」と指摘し、「仲間作りはあまりうまく進んでいないようだ」とつぶやいた。

非主流派ベテランは「高市さんは本当に推薦人が20人集まるのか。これまでは安倍さんがいたから、表舞台でやれていただけじゃないのか」と出馬に懐疑的だ〉

これも「前回は安倍がいたから高市はやれた」との否定的な記事である。左翼マスコミを代表する朝日と毎日だけに、保守・現実派に大きな支持基盤を持つ高市を「小さく見せよう」との意図を露骨に感じさせるものだった。

そんな永田町、いや、日本全体が激震に襲われたのは、終戦記念日の前日、八月十四日のことである。

突然の辞任表明

この日午前十一時半からの総理記者会見で、岸田首相が一カ月後に迫った自民党総裁選挙に立候補しない意向を表明したのである。

「今回の総裁選挙では、自民党が変わる姿、新生自民党を国民の前にしっかりと示すことが必要だと思います。そのためには、透明で開かれた選挙、そして何よりも自由闊達《かったつ》な論戦が重要です。その際、自民党が変わることを示す最もわかりやすい最初の一歩は、私が〝身を引くこと〟であります。私は、来《きた》る総裁選には出馬いたしません。総裁選を通じて選ばれた新たなリーダーを、一兵卒として支えていくことに徹してまいります」

ぎりぎりまで総裁選出馬を模索した末の現職総理の撤退宣言だった。

このままでは再選は難しい、との見方はたしかに強かった。発足後最低を更新しつづける内閣支持率の下で、永田町には、「岸田の顔では総選挙を戦えない」との評が支配的となっていた。

撤退宣言はいつだ――そんな話が公然と語られていた。しかし、宣言をする当日まで、そのことを隠し通したのは見事である。

官邸記者クラブの大手紙記者が語る。

「最後の賭けとして、岸田さんには〝北朝鮮への電撃訪問〟が残されていました。神戸の児童養護施設出身の二人の男性を帰国させるかわりに、日朝国交正常化で巨額援助を目論む北とのぎりぎりの交渉がつづいていました、これで国民をあっと言わせて、支持率アップによって総裁選を勝ち抜くという目論見です。

しかし、一時はうまくいっていた水面下の交渉も、北が強硬姿勢に転じてきて〝後退〟し、結局、うまくいきませんでした。総裁選出馬の好材料もなく、万策が尽きた感がありました」

撤退の決断は、時間の問題だったのである。

「ああ、やっと終わったか」

私の思いは、この言葉に尽きた。三年前、岸田政権ができていなかったら、あの日、あの時、あの暗殺現場に、安倍晋三元首相が立っていたはずもなく、生きていたに違いない。そして、日本がここまでの惨状も呈していなかっただろう……そんなことが頭の中をぐるぐる回っていた。

たしかに三年前、決選投票で岸田が河野太郎を破ったとき、ほっとしたのは事実である。河野は、日本の総理になろうという政治家でありながら、自身のファミリー企業である「日本端子」が中国で営業し、中国共産党に弱みを握られ、実際に親中政治家としてさまざまな振る舞いをしてきた。

その人物が日本のリーダーにならなかったことに、まず「安堵《あんど》した」のは確かである。だが、その河野を国会議員票で二十八票も上まわり、百十四票を獲得した高市が、なぜ本選に進めず、そのために岸田政権が発足したのか、私には納得がいかなかった。

理由は「岸田では岐路に立つ日本は救えない」ということがわかっていたからである。いや、「むしろ日本の危機は深化する」と思っていた。

岸田の人柄にとやかく言うつもりはない。自分からしゃしゃり出る人物でもなく、「人として」それなりの政治家だと私も思う。年齢も近いから、岸田氏がどんな時代を生きてきたかもわかっている。

だが、それだけに「この人では駄目だ」と思い、政権当初から岸田政権に厳しい論評を続けてきた。

岸田所属の宏池会は、自民党本流の「良きに計らえ」という政治集団である。池田勇人が創始者で、党内ではハト派、つまり左派として知られ、なにより「融和」を重んじるグループだ。

岸田より前の宏池会政権といえば、一九九一年十一月から九三年八月まで続いた宮澤喜一内閣である。自民党を与党から野党に転落させた歴史的な政権であると同時に、隣国に対して「譲歩を重ねた政権」として記憶される。

天安門事件（一九八九年六月四日発生）で経済制裁を受けていた中国に「天皇訪中」を実現して中国の国際復帰を手助けし、また韓国に対しては悪名高き「河野談話（河野洋平官房長官談話）」を発表して、史実に基づかない「慰安婦の強制連行」という韓国側の言い分を認めた政権でもある。

最も大切であるべき「真実」と「国家の誇り」を捨て去り、未来の日本人にツケをまわしてでも、中国や韓国のご機嫌をとり、そのために「真の友好」への道をぶち壊した内閣だ。

「霞が関官僚は必ず、まず宏池会を目指す」という言葉どおり、日本はどうあるべきか、という国家観もなく、ただ、政治家としてふんぞり返り、自分は選ばれた人間との「選民思想」を満足させてくれる〝万能感〟集団と言える。

案の定、ＬＧＢＴ理解増進法で保守・現実派の大反発を食らった岸田首相は、移民促進の姿勢や、政治資金パーティーの不記載問題の処理など、保守層を「敵」にし続けた。

前述のとおり、旧安倍派の責任は追及するのに、自身の岸田派の不記載問題には知らぬ顔を決め込み、すべて会計責任者に責任を負わせ、ひたすら「逃げる」やり方は、どう言い繕《つくろ》おうと、国民の納得が得られるはずはなかった。

「あれだけ安倍さんに世話になりながら……」

そんな思いを持つ国民は増えつづけ、支持率悪化に歯止めがかからなくなった岸田首相は、こうして無念の撤退を余儀なくされたのである。

第四章

激しい駆け引き

〝コバホーク〟の登場

岸田辞任で、自民党総裁選はスタートの号砲が鳴った。

すでに青山繁晴参議院議員が総裁選出馬への意思を明らかにはしていたが、正式に「出馬会見」を開いた候補者はまだいなかった。

だが、岸田退陣表明の直後から、週明け八月十九日に二階派所属の小林鷹之《たかゆき》が国会内で真っ先に出馬会見を開くとの情報が永田町を駆けめぐった。

保守派を基礎票とする小林鷹之が出馬に向かって邁進《まいしん》していたことは、自民党議員の間で、すでに大きな話題になっていた。

「小林が保守系の若手を集めている」

「陣営に入れ込むための拠点は赤坂の料亭。そこに議員たちを呼び出している」

などの真偽不明の情報が夏の永田町を飛び交っていたのである。政界の情報に〝尾ひれ〟がつくのは当たり前だが、具体的に店の名前やスポンサーの名前も流された。

総裁選を担当していた記者によると、

「この時期は本当にいろんな情報が乱れ飛んでいましたね。明らかに虚偽情報とわかるものはいいですが、登場人物の実名や企業名、あるいは動いているお金の額などが具体的に語られると、つい〝本当かな？〟と思いますよね。

小林候補の場合、当初から岸田首相の了解の下に動いている、という情報が流れていました。記者たちもそう思っていましたね。前回の総裁選で岸田陣営の最高顧問として大きな功績を挙げた甘利明さんは、岸田政権発足直後に、幹事長に抜擢《ばってき》されました。しかし、地元秘書の現金スキャンダルに加え、小選挙区で負けて比例復活し、わずか一カ月で幹事長を棒に振りましたが、岸田首相の信頼度は今も大きい。その甘利さんが小林擁立に動いたことで〝岸田の戦略だろう〟との見方が広がったのです」

高市と支持基盤が重なる小林は、本当に出馬するなら「保守票を割る」ことになり、高市の打撃は小さくない。

まして、甘利は、日中友好議員連盟幹事長を務め、親中派として知られる。これをどう見るべきなのか。

小林擁立の中心的な役割を果たしているのが、父親の福田康夫と共に、日本を代表する〝親中政治家〟である旧安倍派の福田達夫・元総務会長だったことも、ある「憶測」を加速させた。

福田達夫が何の意図をもって小林を担ぐのか。最初から小林出馬の背後には〝中国の影〟が見え隠れしていた。

小林が出馬会見を行なったのは、八月十九日午後二時のことである。

「覚悟を持って総裁選挙に出馬することを表明します。私は、当選四回で、四十代です。普通のサラリーマン家庭で育ちました。その私が派閥と関係なく、こうして出馬会見をしていることこそ、自民党が本気で変わろうとする象徴であります」

小林は前回の総裁選では、高市の推薦人となって活躍した人物である。高市は、経済安全保障大臣の小林の後任だ。岸田首相から同ポストの打診を受けたとき高市は、

「小林さんの続投をお願いします」

と首相に要請した経緯もある。いわば「同志」である。

それだけに高市陣営にも少なからず動揺があった。

マスコミが注目したのは、会見場に同席した二十四人の議員たちである。出馬表明する小林に向かって右側の壁側に三列になって彼らは座っていた。

映し出された顔ぶれに関係者は驚いた。

若手を中心に推薦人集めに奔走《ほんそう》していた小林陣営は、半分以上が「旧安倍派議員」で占められていたからだ。

大塚拓、福田達夫、細田健一、和田義明、宗清皇一《むねきよこういち》、鈴木英敬、塩崎彰久、吉田真次、松本尚、小森卓郎、石井拓らの各氏は、いずれも亡き安倍晋三の薫陶《くんとう》を受けた議員たちである。安倍の後継・高市早苗ではなく、清和会の面々がなぜ二階派の小林のもとに馳せ参じるのか。

実は、数日前から、小林の記者会見に同席する議員たちのリストが永田町に出まわっていた。実際にそのリストに入っていた人間もそこには座っていたが、リストにあっても「出席していない議員」もいた。そのうちの一人に聞くと、

「私は、会見に同席するなどと言ったこともないし、そもそも聞かれたこともない。なんで私の名前がそのリストに入っているんですか」

そんな質問が逆に飛んできた。

実際の総裁選の告示は三週間後に迫っている。各陣営の駆け引きの中で、

「うちにはこれだけの議員が集まっている。みんな〝勝ち馬〟に乗れ」

そんなことを流布する材料として、さまざまな種類のリストが乱れ飛んでいたのだ。

だが、会見に同席したために予想外の事態に見舞われた議員もいる。小林陣営に入ったことを糾弾の対象にされたのである。

安倍本人の後継として、地盤を引き継いだ吉田真次が小林陣営に入っていたことが特に波紋を呼んだ。

自民党の保守・現実派の代表は、なんといっても高市早苗である。高市への嫌がらせのような報道がつづいているとはいえ、高市陣営を無視して、吉田が小林陣営についたことは、永田町で大きな話題になった。

「なぜ高市さんについていかないのか」

「安倍さんを裏切って恥ずかしくないのか」

吉田のXには、その後、抗議のリプが殺到することになる。ほかの議員にも、似たような現象が起こった。

だが、高市陣営は、小林出馬を冷静に分析していた。

陣営のひとりは、こう語った。

「小林陣営はこの勢いで一気に仲間を増やそうと必死です。しかし、若さが売り物の小林さんは、小泉進次郎が出馬表明すると勢いを失いますよ。それに小林さんのネームバリューでは、党員票も入らない。今がピークです」

高市陣営はそう見ていたのである。

実際にその通りになることはのちに判明するが、高市陣営にとって、ただでさえ少ない自民党の「保守派」を分裂させる小林の動きが大きな障害になったのは間違いない。

小林の出馬会見は、一挙に立候補希望者たちの出馬会見ラッシュをもたらした。

河野太郎、林芳正、茂木敏充ら、推薦人確保の目処が立った政治家が次々と会見を開いていったのだ。

一風変わった会見を開いたのは石破茂である。

八月二十四日、石破は地元・鳥取の八頭《やず》町にある和多理《わたり》神社を会見場に選んだ。生家にも極めて近い思い出の神社だ。この地を出馬表明の場に選んだことについて、石破は記者たちにこう語っている。

「ここは父祖《ふそ》の地。子供の頃の夏休み、ここで夏祭りがあってね。本当ににぎやかだった。日本はまだ決して豊かとはいえなかったが、一人ひとりに笑顔があった。私にとって一番の思い出だ。政治家になった原点に返りたい。党よりも、国民一人ひとりを見る、それが自分の原点なのでね」

独特の言いまわしでこう語り、石破は出馬を宣言した。

「三十八年間の政治生活の集大成として、これを〝最後の闘い〟として、全身全霊で支持を求めていきます」

自身五度目の挑戦である。

「石破に推薦人が集まるはずがない」

党内での基盤のなさと、党内野党としての長年の立場から、石破の推薦人は集まらないとの見方が支配的だった。だが、

「足りない人数は、二階派の武田良太氏が面倒を見るらしい」

そんな噂が二週間ほど前から流れていた。最大のネックだった「推薦人集め」がクリアできた喜びは、石破の態度からも窺《うかが》えた。

こうして、出馬を取り沙汰されていた候補者たちが次々と名乗りを上げていった。

「座席指定」された記者会見

注目を浴びたのは、やはり小泉進次郎の動向である。

「どうも進次郎が出馬するらしい」

「親父（純一郎）が五十歳までは出るなと言っているから、出ないだろう」

「いや、後見人の菅《すが》（義偉《よしひで》）さんが〝ゴーサイン〟を出した」

そんな憶測が七月あたりから永田町を駆けめぐった。やがて、八月に入ると、

「今回は、小石河（小泉・石破・河野太郎）がそろい踏みになるぞ」

という話が〝確定情報〟として流れるようになっていた。

なかでも「本命」とされたのは、小泉進次郎である。選挙となれば、いつも応援演説に引っ張りだこで、父が元総理・小泉純一郎ということもあって、抜群の知名度と爽《さわ》やかな弁舌で人気の政治家である。

二〇二四年八月半ばを過ぎ、世の中の関心が自民党総裁選の動向に集まり始めると、やはりマスコミの視線が小泉進次郎へと集中していった。

いち早く出馬表明の会見を行なった小林鷹之は、テレビ局が一週間ほどは取り上げてくれたものの、予想どおり、一般党員への支持の広がりは見えなかった。

それよりも「進次郎」ブランドが威力を発揮し、マスコミも小泉が「どのくらいの勢力をバックに出馬してくるのか」に関心が高まった。

「菅（義偉）さんの全面バックアップがあるから、小泉さんを応援する議員は相当な数になる。しかも、引退する二階（俊博）氏の代わりに二階派を取り仕切る武田良太氏も小泉支援にまわりましたから、かなり優位に総裁選を進められるはずですよ」

政治記者たちも、異口同音にそんな感想を洩らす情勢になっていった。

満を持して小泉が出馬会見に臨んだのは、総裁選が告示される前の週、九月六日のことである。午前十一時前、千代田区平河町の砂防会館の斜め前にある「MIDORI.so NAGATACHO（みどり荘永田町）」ビルには、続々とマスコミが押しかけていた。

波紋を広げることになる語り草の記者会見が始まったのは、午前十一時を少しまわった頃である。

「皆さん、こんにちは。小泉進次郎です。私は、このたびの自民党総裁戦に立候補いたします。今回の総裁戦は、自民党が本当に変わるか、変えられるのは誰かが問われる選挙です。誰がやっても変わらない、政治に期待しない声が多い中、自民党が真に変わるには〝改革を唱えるリーダー〟ではなく、〝改革を圧倒的に加速できるリーダー〟を選ぶことです」

濃紺のスーツに青いネクタイ、そして議員バッジとブルーリボンバッジをつけた小泉はそう語り始めた。

〈決着　新時代の扉をあける〉

このスローガンが白抜きされたブルーのボードをバックにした小泉は落ち着きはらっている。百人を超える記者やカメラマンが詰めかけた会場は熱気で溢れ返っていた。にこやかで爽やかな表情は〝さすが〟というほかない。

小泉は「次期総裁にふさわしいのは誰ですか」との世論調査では、ほとんどトップを走ってきた政治家である。

「この五年間で、コロナや戦争、ＡＩやデジタルの進展、気候変動、私たちの身の回りも、世界も、大きく変わりました。私自身も二児の父親になったことが人生の転機になり、それまでとは物の見方が大きく変わりました。正直、こんなにも変わるとは思いませんでした。

自分のことより子供のこと、自分の人生より子供の未来、子供たちの日々成長する姿を見る喜びと同時に、子供たちの未来に責任を持つ政治家として、今、政治を変えなかったら子供たちの時代に間に合わない。政治の決定のあり方、政策の強度、速度を圧倒的に上げなければ間に合わない、そんな危機感が募り、今、私はここに立っています」

記者たちを見まわしながら、語りかけるような話し方である。

「私は総理になって、時代の変化に取り残された日本の政治を変えたい。長年、議論ばかりを続け、答えを出していない課題に〝決着〟をつけたい。そして大きな課題ばかりだけでなく、一人ひとりの小さな願いも届く、そんな政治を実現したい。子供たちの未来に間に合うように政治を加速させたい。私はそう思いました。

本日は、私が総理・総裁になったら一年内に実現する改革と、長期を見据《す》えた構造改革の方向性を説明します。そして、私が総理・総裁になったら、できるだけ早期に衆議院を解散し、中長期の私の改革プランについて国民の皆さんの信を問うことにしたいと思います。国民の共感を取り戻した上で改革を断行し、新しい政治、新しい日本を創りたい。そのために、皆さんの力をください」

噛《か》みしめるような、それでいて爽やかさを失わない見事な演説である。小泉は、「まず全ての改革の前提となるのは政治の信頼回復です」と前置きして、こうつづけた。

「なぜ自民党は信頼を失ったのか、なぜ今も前に進めないでいるのか。それは政治の金の流れが未だに不透明だということです。使い道の公開は十年後でいいという政策活動費は、もうやめます。

非公開でいいとされてきた旧文通費は公開します。残金は国庫に返納を義務づけます。政治だけが特別に許されてきた不透明なお金の使い方は、もうやめます」

手元に置いた分厚い資料集のようなものに時折、目を落としながら、小泉は語っていく。

次々、披露される小泉の政策をICレコーダーに録音しながら、パソコンに打ち込む記者たち。だが、この会見に記者たちは釈然としないものを感じていた。

会見が事前に質問を受けつける形で行なわれ、さらに座る席も決められていたことである。

「なんで座席指定なんですか」

そう聞いた記者もいたが、

「当初の予想より参加希望者が増え、混乱を防止するためです。申し訳ございません」

との返事が戻ってくるだけだった。

だが、事前に質問を出させて、席も指定しておけば、質疑応答への「準備」が可能になる。

「よほど想定外の質問が嫌なのだろう」

そんな憶測が流れたのは当然である。

「選択的夫婦別姓」への意欲

記者たちの思いなど知るよしもない風情で会見をつづけた小泉は、のちに問題になる事柄に言及していく。

選択的夫婦別姓と解雇規制の緩和である。

「私が総理になったら、選択的夫婦別姓を認める法案を国会に提出し、国民的な議論を進めます。国会で議論を尽くし、三十年以上議論をつづけてきたこの問題に決着をつけ、一人ひとりの人生の選択肢を拡大します」

前の週になって強く選択的夫婦別姓実現への意欲を示していた小泉。「まさか本当だったのか」との思いを抱く向きは少なかっただろう。

左派勢力が盛んに囃《はや》す同制度は、導入に国民の理解が得られているものではない。「どうせ〝選択制〟なんだから、したい人にはしたいようにさせればいい」

そんな乱暴な肯定派もなかにはいるが、実際には主流には成り得ていない。なぜなら、夫婦の視点だけでなく視野を広げていくと、この制度は「強制的親子別姓」を表わし、さらに「兄弟姉妹別姓」も意味するからだ。

父親と母親が別姓なら、その子供は、どちらかの親とは別姓になり、祖父母とも同様にそれぞれ別姓になる。さらに兄弟や姉妹同士も別姓になる。つまり、家族がバラバラの姓になるのである。

簡単にいえば、「ファミリーネーム喪失法」にほかならない。

日本社会の最小構成単位である「家族」も、そして、世界に誇る日本の「戸籍制度」もやがて壊れていくだろう。

その懸念は、どうしても拭《ぬぐ》えない。まさに、左翼勢力の目的がそこにあるからこそ、日本ではコンセンサスが得られていないのである。

まして総裁選で小泉の強力なライバルとなる高市早苗は、この問題に真っ正面から取り組んできた政治家である。

言うまでもなく旧姓が使えないことで生じる社会生活上の不便は解消しなければならない。

高市はその信念に基づき、二〇〇二年と二〇二〇年の二度にわたって〝通称使用〟に法的根拠を与えるために、自民党法務部会に「婚姻前の氏《うじ》の通称使用に関する法律案」を提出している。

さらに、高市が総務相時代には、総務省に関わる法令をすべてチェックして、あらゆる「届出」「資格」「制度」において、〝旧氏の併記でOK〟にした。その数は、実に「千百四十二」の手続きに及んだ。

結婚によって「氏」が変わる前と同じようにできる「手を打った」のが高市なのだ。

実際、二〇二一年十二月から翌年一月にかけて内閣府が実施した世論調査では、こんな結果が出ている。

（一）現在の制度である夫婦同姓制度を維持した方がよい　27・0％
（二）現在の制度である夫婦同姓制度を維持した上で、旧姓の通称使用についての法制度を設けた方がよい　42・2％
（三）選択的夫婦別姓制度を導入した方がよい　28・9％

（一）と（二）を合わせると、ほぼ「七割」に達するという圧倒的な数字が出ている。つまり選択的夫婦別姓導入への支持は三割に満たないのだ。

立憲民主党の代表選ならいざ知らず、一応、保守政党とされる自民党の総裁選でこれを打ち出すデメリットを考えると、小泉陣営の戦略に疑問符がついたのも当然だろう。

「解雇規制の緩和」もターゲットに

それにもまして賛否両論を呼び起こしたのは、解雇規制の緩和の問題である。

小泉は、会見でこう語った。

「私は、次の時代も稼げる新しい産業が生まれる国にしたい。自動車産業に加え、世界で稼げる産業を子供たちに見せたい。日本の産業の柱を一本足打法から二刀流へ、そして世界へ。そのためには、必要な人材が必要な場所で輝けるように、労働市場改革を含め〝聖域なき規制改革〟を断行します」

聖域なき規制改革とは、父親である純一郎の口癖《くちぐせ》だったフレーズである。会見場に一瞬、「うん？」という空気が生じたが、小泉は構わずこうつづけた。

「賃上げや人手不足、正規非正規格差……それらを同時に解決するため、労働市場改革の本丸である解雇規制を見直します。誰もが求められ、自分らしく、適材適所で働ける本来は当たり前の社会に変え、日本の経済社会にダイナミズムを取り戻す。来年、法案を提出します」

小泉は、「解雇規制の緩和」に踏み込む理由をそう説明した。

だが、この政策は小泉にずっとつきまとうことになる。解雇規制が緩和される、と聞けば、誰もが企業が社員の首を切りやすくなることをイメージするからだ。

「解雇規制は、今まで何十年も議論されてきました。現在の解雇規制は、昭和の高度成長期に確立した裁判所の判例を、労働法に明記したもので、大企業については、解雇を容易に許さず、企業の中での配置転換を促進してきました。一方、今では、働く人のマインドも大きく変わり、転職も当たり前になってきています。

社会の変化も踏まえて、働く人が、業績が悪くなった企業や居心地の悪い職場に縛りつけられる今の制度から、新しい成長分野や、より自分にあった職場で活躍することを応援する制度に変えるべきです。こうした観点から、日本経済のダイナミズムを取り戻すために不可欠な労働市場改革の本丸である、解雇規制の見直しに挑みたい」

リスキリング、つまり、新しい仕事に対応するために必要なスキルを習得することや学び直しの機会が与えられるように職業訓練制度を見直すことを小泉は強調した。誰でも、新しい成長分野に移動できるよう生活の安定を確保しつつ、リスキリングや学び直しが受けられる環境を「整備する」というのだ。

だが、世間の受け止め方は、小泉陣営の事前の想定とは違った。それは父・純一郎が首相時代に行なった政策と関連している。

小泉の主張は、そのまま「解雇規制を見直すことが賃上げや人手不足解消につながる」と捉えられた。つまり、経営者側が課せられている「解雇規制」が緩和されれば、従業員を現在より「解雇しやすくなるだけではないか」との根本的疑問である。

派遣労働を製造業に拡大して〝派遣時代〟を創り上げ、生活不安の若者を数多く生んだ「父の時代」を彷彿《ほうふつ》させたのである。

会見から五日後、島根県の丸山達也知事が小泉政策を猛批判した。九月十一日の山陰放送ニュースはこう報じている。

〈丸山達也知事は十一日の定例記者会見で、自民党総裁選挙への立候補を表明している小泉進次郎元環境大臣の、解雇規制緩和やライドシェア解禁の主張を痛烈に批判しました。

「世の中が求めている話とは、真逆ではないのか。こうあるやつをこう（上げる）と思うでしょう？　違いますよ、こうあるやつをこう（下げる）って言ってるんですよ」

丸山知事は、小泉元環境大臣が解雇規制を見直すことで賃上げや人手不足解決を図れると主張していることについて、「非正規雇用者の正規化ではなく全員の非正規化としか読めない」と批判。今も働く側には転職の自由があり、解雇の規制緩和は「企業経営者には魅力的でも、雇用される側からはとんでもない話だ」とし、父親の小泉純一郎政権のもとで派遣労働が拡大されたことを挙げ、「親子二代で雇用を非正規化しようとしている。日本人の一生に安定感を与えないということだ」と批判しました〉

中身を検証されると、突っ込みどころが満載だった会見だったことがわかる。満を持した〝大本命〟の出馬会見は、お世辞にも成功だったとは言えないものだったのである。

飛び出した〝失礼な質問〟

会見の中で、小泉とフリーライターとの間で注目すべきやりとりがあった。

「小泉さんがこの先、首相になってG7に出席されたら、知的レベルの低さで恥をかくのではないかと皆さん心配しております。それこそ日本の国力の低下になりませんでしょうか？　それでも、あなたはあえて総理を目指されますか？」

挑発的な質問である。いや「失礼な質問」といったほうがいいかもしれない。質問をする相手に対して、「知的レベルの低さで恥をかく」などとは、なかなか出るフレーズではない。

しかし、笑みを浮かべながら小泉はこう応じた。

「私に足らないところが多くあるのは、それは事実だと思います。そして完璧ではないことも事実です。しかし、その足りないところを補ってくれるチーム、最高のチームを作ります。その上で今まで培《つちか》ってきたものを一人ひとりと、各国のリーダーと向き合う覚悟、そういったものは、私にはあると思っています。

各国のリーダーにも多様な方がいます。自民党の中もなかなか多様な方々が多く、そういった中、十五年間、野党の経験、与党の経験を積み重ねてまいりました。そういったことをしっかりと国際社会の舞台でも発揮をしていって、国民の皆さんに〝大丈夫だな〟と安心感を持っていただけるように最大限努力していきたいと思います」

そう言って、フリーライターの名前を問うた小泉は、その名で呼びかけながら、

「このようなご指摘を受けたことを肝に命じて、これからあいつマシになったなと思っていただけるようにしたいと思います。ちなみに、今、陰で思い出したことはですね、同じようなご質問を、ご意見を、私は環境大臣の最初の記者会見でご指摘いただきました。二年間、環境大臣を務めさせていただいた後に、そのベテランの記者さんとは退任の時に花束をいただく関係になりました。あなたとも、そうなれれば嬉しいです」

思わず、フリーライターは、

「わかりました。勉強してくださいよ」

と応えた。

失礼な質問に対して、見事に切り返した小泉。ネットでは、「すばらしい」「返しが抜群」「なかなかいいセンスじゃない？」などの書き込みが相次ぐことになるシーンである。

だが、記者会見が「事前に質問を受けつける形」で、しかも「座席も指定された」うえで行なわれたことが明らかになると、一転、非難が湧き起こった。

「あの質問もヤラセ？」

「なんでもコントロールできると思ったらアカン」

そんな声が満ちたのだ。

スポーツニッポンは九月七日付で〈〝構文〟回避　記者の座席指定、質問は事前受付　ついに〝本命〟が自民党総裁選出馬表明〉とのタイトルをつけて、これを報じている。

〈会見は、事前に質問を受け付け、記者は座席指定と異例の形で行われた。選挙対策本部は「参加者が増大したことによる混乱を防ぐため」と説明。実際の質疑応答は通常の挙手制で行われたが、永田町関係者は「事前に質問を受け付けることで想定問答に厚みを持たせられるし、想定外の質問も減らせる」と指摘。記者の質問に対し、小泉氏はピンク色の付箋がびっしり貼られた資料をめくって返答。同じ言葉を繰り返し、ポエムのようだと評される〝進次郎構文〟の回避に努めた。

小泉氏のネックと言われる、経験・実績のなさ、答弁力の危うさを懸念する質問も飛んだ。「首相になってG7（先進国首脳会議）に出席したら、知的レベルの低さで恥をかくのではないか。それこそ日本の国力の低下にならないか。それでも総理を目指すのか」と辛辣。小泉氏は苦笑しつつ「私に足りないところがあるのは事実。それを補ってくれる最高のチームをつくる」などと冷静に返答。質問者に名前で呼びかけ「〝アイツ、ましになったな〟と思ってもらえるようにしたい」と続けた。このやりとりにネット上には好意的な書き込みが相次ぎ、結果として小泉氏の株が上がる形となった〉

総裁選の最大有力候補・小泉進次郎の出馬会見はこうして終わった。選択的夫婦別姓と解雇規制の緩和については、総裁選での各候補との議論に決着は持ち込まれた。

だが、とても「成功」とは言えない〝本命〟の出馬会見は、総裁選の大混乱を予感させるものとなった。

第五章

政策の「鬼」登場

高市早苗の出馬会見

二〇二四年自民党総裁選のもう一人の主役・高市早苗の出馬会見が衆議院第一議員会館一階の大会議室で行なわれたのは、総裁選告示の三日前、九月九日のことである。

本来なら前の週だった会見は台風十号の接近に伴って、この日に延期されていた。戦いが三日後にスタートするだけに、独特の緊張感が会場に張りつめていた。

「皆さま、こんにちは。報道関係の皆さま、大変ご多用の中、お集まりをいただきありがとうございます。またライブ配信をご覧の皆さまもありがとうございます」

黒いスクエアネックのインナーに青いジャケットを羽織り、首元に真珠のネックレスをつけた高市はそう語り始めた。

バックには〈日本列島を、強く豊かに〉のスローガンと〈高市早苗　サナエあれば憂いなし。〉のキャッチコピーが貼ってある。また、日の丸の旗も置かれている。

「私、高市早苗は自由民主党総裁選挙に立候補をいたします。私は、国の究極の使命は国民の皆さまの生命と財産を守り抜くこと、領土、領海、領空、資源を守りぬくこと、そして国家の主権と名誉を守りぬくことだと考えております。この究極の使命を果たすためにも、今、総合的な国力の強化が必要です」

高市はいきなり持論を展開した。

「それは外交力であり、防衛力であり、経済力であり、技術力であり、情報力であり、そして全てに共通する人材力でございます。この六つの力をそれぞれに伸ばし、また互いに伸ばし合う相乗効果を私は狙っております。できるんだろうか、とお思いかもしれませんが、できます。

日本には底力がございます。若い方々が伸びたい、伸びたいと考えて、今この瞬間にも意欲に燃えているからでございます。しかし、若い才能にチャンスを与え、六つの力をしっかり伸ばしていくためには条件がございます。何よりも経済成長が必要です。私は経済成長をあくまでもどこまでも追い求めます」

高市は政界随一の「政策の鬼」である。政治家として国家・国民に役に立つことだけを考え、二十九年の議員生活を送ってきた。

そのすべてが凝縮《ぎょうしゅく》された記者会見だった。〈日本列島を、強く豊かに。〉との高市の政策の骨格は以下のとおりである。

（一）大胆な「危機管理投資」と「成長投資」で、「安全・安心」の確保と「強い経済」を実現
（二）「全世代の安心感」を、日本の活力に
（三）「防衛力」と「外交力」の強化で、日本を守る
（四）「令和の省庁再編」に挑戦する
（五）今を生きる日本人と次世代への責任を果たす
（六）信頼される自民党、強い自民党へ

それぞれの項目で、これを掲げる「理由」と「具体策」が説明されていく。さすが自民党屈指の政策通である。

永田町には「総理になるのが目的」の政治家が溢れている。しかし、残念ながら「日本がこれをやらなければならないから総理になる」、あるいは「総理になったら何をやるか」ということを明確に持っている政治家は少ない。

それぞれの候補者が必死で打ち出してきた政策には、一長一短がある。高市の会見が特

徴的だったのは、これら政策と共に、聴く者の心を打つ話が入っていたことだ。

自衛隊の服務宣誓

高市が防衛力と外交力と情報力の強化によって「日本を守る」ことを説明していた際、「内閣総理大臣は自衛隊の最高指揮官でございます。迅速《じんそく》、かつ的確な判断でその重責を担ってまいります」

そう述べたあと、突然、自衛隊の「服務宣誓」を諳《そら》んじ始めた。

「事に臨んでは危険を顧《かえり》みず、身をもつて責務の完遂に務め、もつて国民の負託にこたえることを誓います」

高市はこの言葉を居並ぶ記者たちを前に口に出した。

「これは、自衛隊の服務の宣誓でございます。この同じ宣誓というのは、私が内閣総理大臣になりましたら、日々くり返すものになると思います。国防に任じておられる自衛官という皆さまの名誉と誇りを守り、そしてしっかりと実力組織として揺るぎない位置づけをするために、私は日本国憲法を改正いたします」

高市はそう宣言した。自衛隊の服務宣誓など見たことも聞いたこともない左翼メディアの記者たちは仰天したに違いない。

国事のために命を捧げた人々への高市の思いは格別だ。どんなに反対されても、若い頃から靖國神社の参拝をつづけていることからもわかる。

毎年八月十五日、ペリー来航以来の国事殉難者二百四十六万六千人余を祀《まつ》った靖國への参拝で記者に囲まれる高市は、

「命をかけて多くの方々が私たちの美しい国土や家族をお守り下さいました。私は、仲間たちと一緒に力を合わせて、この日本列島を強く豊かにして次の世代に引き渡す使命を負っていると思っております」

そう語るのである。私が内閣総理大臣になりましたら、これを日々くり返すものになると思います、と自衛隊の服務宣誓を紹介したのは、いかにも高市らしかった。

それだけに国民の「命」を守り抜く高市の使命感は強い。

「今の日本の状況、日本は世界有数の核の最前に国土を構えています。この現実から目をそらすわけにはまいりません。最近は中国、ロシア、北朝鮮の接近も報道されております。このなかで、欧米各国よりはるかに厳しい安全保障環境に日本は身を置いております。この現

状はしっかりと認識した上で対処能力を整えてまいりたいと思います」

保守・現実派が高市早苗を推す理由は明快だ。日本という国が今、どんな状況にあり、どのような危機に瀕《ひん》し、そこからどう抜け出すべきなのか、そのすべてを知っている唯一ともいえる政治家であるからにほかならない。

そして、戦後日本が陥った「誤った国家概念」や「過剰な権利意識」、あるいは本来あるべき「日本人の姿」を、しっかりイメージできている政治家であるからだろう。

さらにいえば、日本に巣くう巨大な既得権益層や数々の霞が関のタブーにも怯《ひる》まず、果敢に挑むことができるからである。

「ほかの候補者とは明らかに違う」

ネットで、あるいはテレビで、会見を見守っていた国民は、そう思ったに違いない。

会見は一時間に及び、高市の話が最後に近づいていた。

「誰かが命がけで守ってくれた〝未来〟」

高市はそこで、こんな語りかけを行なった。

「結びに申し上げます。〝私たちが生きている今、それは誰かが命がけで守ろうとした未来だった〟……この言葉は映画をご覧になった方は、ご承知かもしれません。終戦間際《まぎわ》の時代に現代を生きる女子高生がタイムスリップする話です」

記者たちは、さすがに顔を見合わせた。自民党随一の〝政策の鬼〟が、突然、映画の話を始めたからだ。

映画通の記者は、それが前年十二月に封切りされた『あの花が咲く丘で、君とまた出会えたら。』（松竹）のことであるとピンと来ただろう。

昭和二十年にタイムスリップした現代の女子高生が、出撃間近の特攻隊員と恋に落ちる物語である。若者にも支持された、珍しい感動の戦争映画である。

若者に大きな人気を集めたこの話題作について高市はこう語った。

「もちろん、これは叶わぬ恋です。葛藤は深まるばかりでございます。でも、やがて彼女は気づきます。私たちが生きている〝今〟、それは誰かが命がけで守ろうとした〝未来〟だった、ということに……」

私たちは、「誰かが命がけで守ろうとした未来」を生きている。現代人が忘れがちなことである。高市がつづける。

「今、皆さまも、私も、誰かが命がけで守ろうとしてくださった〝未来〟を生きています。今のひと時代をお預かりしている私たちには、日本列島を強く豊かにして、次の世代に引き渡すその責任があると、私は思っております」

テレビを通じて会見を見ていた国民が思わず聴き入る印象的なシーンだった。

「日本列島を強く豊かに。これをスローガンに私、高市早苗、正々堂々と自民党総裁選挙を戦い抜いてまいります。そして良い結果を出して、この日本国の国家経営を担いたいと考えております。どうかよろしくお願いを申し上げます。ご清聴いただき、ありがとうございました」

今を生きる私たちが何を思い、何をしなければならないか――。

どの候補者も語ることがなかった「歴史観」と「国や先人を思う心」、そして政治家としての「信念」を示した出馬会見だった。

私は、十三回に及んだ全国でのダブル講演会を思い出していた。高市の講演で特に印象に残ったのが次の言葉だったからだ。

「皆さまと同じ日本列島に生まれ、同じ時代に生まれ合わせて、私は今、皆さんと一緒にいます。これは、当たり前のように思えて、実はそうではありません。これは〝奇跡〟だと思います。お父さんとお母さん、そのまたお父さんとお母さん、そして、そのまたお父さんとお母さん……その中の誰が欠けても、私たちはここで出会うことができませんでした。本当に奇跡だと思うんです。

悠久の歴史の中で、今日ここにいるということだけで、たくさんのご先祖さまが作って来て下さった日本というものを感じます。そのひとつの時代を今、私たちは共有しています。だから、日本は、私たちだけのものではありません。この日本を守って、私たちに引き継いでくれた先人のものでもあります。

そして私たちが引き継いでいかなければならない未来の日本人のためのものでもあります。この日本を本当に大切にし、守っていかなければなりません。みんなで力を合わせて、私たちも〝次の世代〟にこの素晴らしい日本を残していかなければならないのです」

高市は、専門の政策の話をするだけでなく、必ず、「先人」と「日本」、「両親」、「未来」の話をしていた。どれも、日本に対する熱い思いがひしひしと伝わってくるものだった。

高市早苗とは、そういう政治家なのである。

第六章

「謀略」渦巻く総裁選

ターゲットになった高市

二〇二四年九月十二日、自民党総裁選がスタートした。

このとき高市陣営はクジ運に恵まれた。

総裁選の届け出順で「一番」を引き当てたのだ。九人の候補者の中で、最も望むべき番号だった。

候補者が九人もいれば、一人〝十分〟演説しても、最後にまわってくるのは一時間二十分後である。いくら根気のある党員でも、そこまで集中して聴いてくれる人はまれだ。

しかし、「一番」ならその心配もない。真っ先にさせてもらう演説は誰もが耳を傾けてくれ、かつ印象に残るものである。実際に高市氏は、このクジ運を生かし、精力的に〝政策の高市〟をアピールしていくことに成功する。

それぞれ割り当ての「選対本部」の部屋も、そのあとクジ引きで決められた。

史上最多九人もの立候補者がいた今回の総裁選では、自民党は、議員会館の一室や、自民党本部の部屋などを含め、さまざまなスペースを「候補者が利用する部屋」として用意していた。これを各陣営がクジ引きで選んでいくのである。

高市選対が望んだのは、そのなかでも衆議院第一議員会館の九一八号室だった。

ここは、高市の議員事務所である九〇三号室と同じフロアであり、かつ建物の中央にある吹き抜けを挟んで目と鼻の先なのである。

これなら、わざわざ新たにコピー機などをレンタルする必要もなく、高市の部屋のものを使うことが可能だ。選挙資金に乏しい高市陣営にとって、願ってもない部屋だ。

高市事務所の秘書がこの九一八号室を見事に引き当て、「選対本部」としてここを使うことになったのである。

仕切りのない空間が広がる九一八号室は、パーテーションもなく、ドアを入ると「FIGHT　ON!　SANAE　FOR　JAPAN（戦え!　さなえ　日本のために）」というパネルボードが目に飛び込んでくる。これが仕切りとなって奥は見えにくいようになっていた。

その部屋の奥のスペースには、長机が空間を囲む形で横に長方形で置かれた。ここで高市陣営の議員たちが連日、喧々諤々《けんけんがくがく》の議論と水面下の工作を展開していくことになる。

高市選対は、赤坂の議員宿舎近くにあるTKPビルの地下にもうひとつの事務所を九月一日から構えていたが、こちらは電話かけなどを行なう実働部隊の最前線となった。

だが、高市陣営には、予想外の出来事が次々と襲ってきた。

九月三日、総裁選管理委員会の逢沢一郎委員長は、突如、総裁選における選挙運動の注意事項を決定した。

「書籍、色紙等物品を配布すること」「インターネット上に有料広告を掲載すること」「オートコール（自動音声）による電話作戦」、さらには文書類を郵送等で送付することも「禁止」となったのである。

政治とカネの問題で自民党が追い詰められている折も折だけに、「できるだけカネを使わない総裁選を実現しよう」という理由はわからないでもない。

だが、それを通達するなら、告示を翌週に控えたこの段階ではないはずである。いかにも奇妙な話だった。

すでに各陣営では、さまざまな準備が進み、実際に多額の費用が発生している。運動のために水面下でスタートしているプロジェクトもあった。注意事項を発するなら、もっと早くするべきだろう。

そもそも岸田首相の肝いりで総裁選管理委員会ができたのは、七月二十六日のことだ。初会合は八月五日に行なわれ、すでに約ひと月が経っている。

何か「意図的」なものをこの段階で感じた高市陣営のスタッフもいた。

選対の十一人の委員の中に、高市陣営から、黄川田仁志《きかわだひとし》、片山さつきといった「高市推薦人」になることが確実な二人が入ったことも話題になっていた。

委員会に入れば、「推薦人」になることが許されない。もちろん、表立った特定の陣営での運動もできない。永田町ではこの七月段階で、

「岸田さんは、もう〝高市つぶし〟に入ったな」

という声が飛んでいた。

岸田首相は、高市推薦人を「削った」うえに、岸田派の人間は選管にひとりも入れなかった。敵陣営の推薦人は削っても、自分の推薦人は、ひとりも影響を受けない——露骨な岸田戦略は、これに限らず、のちのち明らかになっていくが、それはあとで触れる。

そして、選管の「直前の決定」の理由は、すぐに判明する。

九月十日、毎日新聞がネット記事で〝スクープ〟と銘打ち、〈高市氏の「国政レポート」、総裁選政策に酷似《こくじ》　告示前発送に疑問の声〉との記事を配信したのである。

〈自民党総裁選（12日告示、27日投開票）で、出馬表明した高市早苗経済安全保障担当相が送付した「リーフレット」に疑問の声が相次いでいる。

党は今回、政策パンフレットの送付禁止の期間を告示前にまで拡大。リーフレットに「総裁選」という言葉はなく、高市氏側は「国政報告レポート」として発送したと説明するが、出馬記者会見で掲げた政策と似通っており、SNS（ネット交流サービス）上では「問題ないのか」との声が出ている。

毎日新聞が関係者から入手した封書（写し）によると、送信元は「自民党奈良県第二選挙区支部　支部長　高市早苗」となっており、「リーフレット在中」と記されていた。「ゆうメール」の表記もあった。

文書（同）はA3サイズの両面2枚で「早苗代議士の国政報告レポート」と題されていた。党員のもとに届いたのは高市氏が出馬表明の会見を開いた9日だったという。

文書では総裁選での高市氏のスローガン「日本列島を、強く」が記され、安全保障政策や省庁再編、経済成長戦略など出馬会見で掲げた政策と同様の内容が掲載されていた。冒頭で「党務に携わることができる立場になりましたら」と前置きし、抜本的な党改革を断

行するとしたが、総裁選については一言も触れていない〉

この報道の翌十一日、さっそく逢沢一郎委員長が「政策リーフレットを郵送したのは不適切である」として、高市陣営に対して口頭注意がなされた。見事な〝連携〟である。

マスコミが「待ってました」とばかり、これを次々と報じていったのは言うまでもない。だが、毎日の記事には、いくつか首を傾げる部分があった。

そもそも当該の「国政報告」は、総裁選と関係なく高市事務所が「七月末」に入稿したものである。お盆をはさんだり、できるだけ安価にするために、送付業者を変えたりしたことで時間はとられたものの、遅くとも八月中には党員に届いているものだ。

なかには、何らかの理由で遅れて届いたものもあったかもしれないが、あたかも選管の「禁止決定」以後に組織的に違反文書が送付されたかのような印象報道がおかしかった。

さらにいえば、〈出馬記者会見で掲げた政策と似通っており〉、〈安全保障政策や省庁再編、経済成長戦略など出馬会見で掲げた政策と同様の内容が掲載されていた〉とのことだが、政治家の基本政策や信条とは、そもそもころころと「変わる」ものなのか。

政治家は、自らの政策や信念を貫くものであるはずだが、毎日新聞は、逆で「主張や信条は変わること」が当たり前で、日頃の主張と、総裁選などに出た場合は、変わらなければならないものと考えているのだろうか。

実施していない「世論調査」の怪

日本の最高権力者を決める戦いだけに、謀略はさまざまな形で姿を現わした。

敵陣営のマイナス情報を真偽不明のまま流すのはよくある手法だが、それにマスコミが乗ってこなければ、議員や党員たちの投票行動に影響を与えることができない。

総裁選では、あらゆる怪情報が乱れ飛ぶので、マスコミも真偽の確認に忙しい。今回も「実施もしていない自民党調査」とやらが〝ひとり歩き〟した例を紹介しよう。

九月半ば、自民党が行なった総裁選の世論調査とされる数字が人々の口の端《は》にのぼっていた。偶然に手に入れたマスコミ関係者の間では「へえ」とか「本当にこんな数字なのか」とそれなりに話題になっていた。これが、

「おい、やってもいない〝世論調査〟が出ているぞ」

と、自民党内部で騒ぎになったのは、その自民党調査なるものが、「宮原健太」なるジ

ャーナリスト名で、ネット上の記事となったからだ。

〈永田町では自民党本部が実施したとされる情勢調査の数字が出回っている。自民党本部が9月8日に2126人の党員に実施したとされる情勢調査では、石破茂氏が34・9％の支持を集め首位に、小泉進次郎氏が23・2％で次点、3位が高市早苗氏の15・9％となっている。

永田町関係者は「石破氏や小泉氏が人気であるなど、報道各社が実施する世論調査の結果と大きくは変わらないが、やや石破氏に強く出過ぎている感覚がある。もし石破氏がここまで党員票でも圧倒したら、前評判を覆すかもしれない」と語った〉

こんな書き出しで始まる記事は、細かな数字が出ているだけに話題を集めた。

だが、ベテランの政治記者たちからみれば、これが虚偽であることは即座にわかった。

各種の選挙で自民党が独自調査をするのは確かである。国政選挙や自治体首長選をはじめ、必要と思われるものは、有権者の投票動向を知るために積極的に行なうのだ。

しかし、自民党の総裁選では絶対にやらない。

なぜなら党員名簿を持っている当の自民党がその名簿をもとに世論調査を行なうことなど許されないし、そもそもどんな結果が出ても、あらゆる陣営から強烈なお叱りを受けるのが確実だからだ。

経験のある政治記者ならそのことを知っているので、即座に「虚偽」を見抜くのである。しかし、一度、ネットに記事が掲載されたなら、これは無視できなくなる。

自民党総裁選とは「勝ち馬」に乗るための選挙である。誰を支援するかによって、自分が大臣その他のポストにありつけるか否かが決まるのだから必死だ。

それだけに総裁選がある年は、議員たちの関心は「次の総裁は誰か」の一点に注がれる。逆の側からみれば、たとえ虚偽であっても、自陣営に有利なようにさまざまな情報を流し、議員票や党員票を勝ち取っていくのである。

そんな折も折だっただけに、このネット記事は大いに話題を集めたのである。しかし、話題になってしまうと真偽の検証が苛烈になる。

記事は、やがて袋叩きに遭って、削除される騒動に発展するのである。

ネットの産経ニュース（九月十六日）は、〈「実施していない」自民が否定、真偽不明の党員世論調査出回る「世論操作」の可能性も〉と題してこんな記事を掲載した。

〈自民党総裁選（27日投開票）を巡り、一部の世論調査報道に真偽不明のデータが含まれていたことがわかった。このデータは自民党本部が党員約2100人に調査したとしているが、党総裁選挙管理委員会の逢沢一郎委員長が「実施したことはなく、今後も予定はない」と文書で否定した。党の世論調査関係者も明確に「していない」と述べており、党内でもデータの出どころなどに関し、さまざまな臆測を呼んでいる。

この記事は出版社系のニュースサイトに元全国紙記者で現在はフリージャーナリストの男性が寄稿したもの。総裁選告示日の12日に配信されたが、16日現在では閲覧できなくなっている。

「高市早苗と石破茂に『驚きの数字』」「自民党本部が実施したとされる情勢調査の数字が出回っている」などとして、「石破茂氏34・9％、小泉進次郎氏23・2％、高市早苗氏15・9％」と具体的なデータを提示。「9月8日、党員2126人に実施」などと信憑性の高い書き方をしていた。

ところが、記事が配信された直後から「そもそも党で調査はしていない」との声が上がり始め、14日付けで報道関係者各位に宛てた逢沢委員長名の文書を配布、記事の内容を全面的に否定した。
党の世論調査関係者は「党員名簿は簡単に扱えるものではなく、このような調査はそもそもできないし、やろうという話も出たことはない。一部陣営が自分の支持者に絞って独自にやることは考えられるが、それだと偏りがでるため意味がない」と話す。
ある自民議員は「党員調査だと偽り、党内や世論を操作しようとした人物がいる可能性もある。ジャーナリストはそのデータにうまく乗せられたのではないか。総裁選はなんでもありだ」と話した〉
熾烈《しれつ》な情報戦を表わすエピソードである。そのほかにも、候補者にまつわる真偽不明のスキャンダルは、連日、出まわった。三年に一度（かつては「二年に一度」も）の総裁選の「日常風景」である。

やり玉にあがる政策

史上最多の九人の候補者が乱立する戦いは、表の戦いも熾烈なものになっていた。

各候補者自身は、テレビ出演だけでなく、全国での公開の演説会に飛びまわっていた。告示当日の九月十二日に千代田区平河町の自民党本部で午後一時から開催された「所見発表演説会」を皮切りに、翌十三日の「候補者共同記者会見」や翌十四日の日本プレスセンターにおける日本記者クラブ主催「公開討論会」などが行なわれた。

これらを終えた候補者たちは、名古屋、福島、金沢、那覇、松山、大阪、東京、松江などの「演説会」に奔走したのである。

もちろん地方の演説会は、東京へのとんぼ返りであり、夜、帰ってきて陣営の作戦会議で改善点や新たな戦略を検討し、また、発信するための動画の撮影を含め、体力の限界を超えた戦いを各候補者が展開していた。

表向き候補者たちは、それぞれにこやかに接してはいるが、裏舞台では厳しい戦いと駆け引きがくり返されていた。

前述のように候補者が九人もいれば、一人あたり十分間スピーチしても、最後にまわってくるのは一時間二十分後。熱心な党員といえども、そこまで聴く根気はなかなかない。

しかし、それでも候補者たちの討論は白熱した。笑みをたたえた表情からは想像もつかない気迫が各候補者の内面には迸《ほとばし》っていた。

総裁選開始直後から焦点があたったのは、やはり小泉進次郎である。選択的夫婦別姓や解雇規制の緩和、さらには早期解散問題など、突っ込みどころが満載の政策だったのに加えて、総裁の「最有力候補」とされていたのだから当然だろう。支持率が落ち込む中、「刷新感」が重視される雰囲気は自民党内にも満ちていた。四十三歳という圧倒的な若さは魅力だが、それだけに他の候補者からの指摘や、マスコミからの質問は多かった。

出馬会見以降、話題となった「選択的夫婦別姓」は、最有力の小泉候補の決意によって、総裁選の大きな焦点のひとつとなった。

かつてマスコミでは、小泉夫人の滝川クリステルの選択的夫婦別姓に対する思いが報じられたこともある。

たとえば、二〇一九年九月十日付の朝日新聞にはこんな記事がある。

〈自民党の小泉進次郎衆院議員は9日、東京都内であった経済同友会主催の講演で、アナウンサーの滝川クリステルさんとの結婚について触れ、「もし選択的夫婦別姓の環境が整っていたら、私はその（夫婦別姓を選ぶ）可能性があったと思う」と語った。

小泉氏は「選択肢を増やすだけなのに、反対する人がけっこういませんか。今まで通り、同姓がよければ選べば良い。私と妻はお互い社会に出て仕事をしている。(制度の改正が) 進まない今の日本は、変えていきたいと、ますます思う」と話した。

先の参院選では公明党、立憲民主党、国民民主党、共産党、社民党は選択的夫婦別姓の導入を公約に明記した〉

夫人からの強い要請ならば、夫として譲るわけにはいくまい。小泉の強硬姿勢を見て、そう思った党員は少なくなかったに違いない。

告示翌日の九月十二日、テレビ朝日の「報道ステーション」では、さっそくこのことで激突があった。

選択的夫婦別姓の問題を取り上げ、それぞれに番組が見解を問うていったのである。このとき候補者たちの意見は、明確に分かれた。

「皆さんの手元にフリップを用意してあります。なかなか難しいよという風な問題でもありますが、この選択的夫婦別姓の実施について賛成か反対かを○か×でお示しください。いかがでしょうか。お願い致します」

限られた時間で、できるだけ率直に意見を聞きたい単純明快な手法である。そして、ここで以下のように賛成・反対が分かれたのである。

×　反対＝高市早苗・小林鷹之・林芳正・加藤勝信

○　賛成＝小泉進次郎・河野太郎・石破茂

　　賛否示さず＝上川陽子・茂木敏充

上川は「両方出したい」と言って、手持ちのカードを出すことを逡巡《しゅんじゅん》した。大越健介キャスターは、

「悩ましい態度である方は悩ましい態度で」

と促すと、

「説明させていただければ……」

と、林官房長官がすかさずこう言った。

「反対と賛成で二択で聞くとこうなるんですね。政府がやった世論調査があって、通称使用をもっと拡大してほしいという第三の選択肢によると、ちょうど賛成の中の四十ぐらい

がそっちになって、賛成が二十ぐらいになるんです。したがって、もう少し聞き方を詳しく聞いていただいて、皆さんがこの辺が納得できるなっていうところに少し収斂《しゅうれん》させていかないと、これだけだと賛成が六十だから、もうやった方がいいんじゃないかという風になってしまいます。

実際は〝通称使用〟を随分、進めてきてますので、そういうところも選択肢に入れて、そして意見を集約するという必要があるのかな、と思っています。だから、今はちょっと（意思表示を）やめておきたいです」

賛成か反対か、で聞くと、正確なことはわからないという「本質」を林は指摘した。まさにその「通称使用の拡大」で骨を折ってきたのが高市である。

強くこれを推進する小泉はこう応じた。

「議論を続けて三十年。もう決着の時だと思いますね。私は総理総裁になったら国会に法案を提出します。そして国会で国民の議論も深めていただきながら、最終的には今日この候補者の中でも割れてる通りですね。

それぞれ家族間、価値観が違うわけですから一人ひとり判断をしていただく、討議拘束をかけない、こういった形で判断をしていただいて、今このまま同姓でいきたいという方には同姓の選択肢は残るままなわけですから。

別姓を選択したいという選択肢、選びたいという方に対して選ぶ選択肢を増やす社会を作る、これが私が言っている一人ひとり選択肢、人生の選択肢を増やしたい、こういった思いを持ってこの総裁選を私は議論を展開していきたいと思います」

ここで大越キャスターは、高市に向かって問うた。

「高市さん、経団連もやっぱり国際的に働く、特に女性ですよね、非常に不都合が多いということを挙げていたりして、経団連までもこの選択的夫婦別姓というものの実施をこう推奨しているわけですよね」

高市は、

「それ、多少データが古いですね。不動産登記は、今は旧氏を使ってもできるようになっていますし……」

そう前置きして、こう答えた。

「今、可能な制度ですよね。私自身は、本当に長年にわたって婚姻前の〝氏〟を通称として使える範囲を拡げるための活動を続けてきました。そんな中で、婚姻前の〝氏〟の通称使用に関する法律案も書いて、自民党政調会の法務部会に提出しました。

これで二回、提出をしております。また総務大臣の時、総務省単独で変えられるもの全部の制度を見直してですね、千百四十二件すべての手続きが旧氏でもできるようになりました。

それからまた、住民票にちゃんと旧氏も併記できるようにしたし、マイナンバーカードにも併記できるようにしたということで、自分の手でやれることはやったんです。

ただ、他の役所の大臣も、せーのーで同じことやってくれんかったらですね。例えば金融庁が号令かけてくれんかったら、銀行で八割ぐらいは今のところ旧氏でもオッケーって言うんやけれども、あと二割ぐらいがですね、戸籍しかダメというところとかは残っている。でも総務省では全部できましたからね。

そうすると、全部の国、地方公共団体、それから公私の機関、企業が、通称使用届を出された方については婚姻前の氏をちゃんと使える、その環境を整える義務を課す法律案を出しております」

高市は、経団連などが古いデータを使って、国民を選択的夫婦別姓制度に導こうとしていることを、ずばり突いたのである。

そして「子供側の視点」で、この制度に反対意見を述べたのは、小林鷹之だった。

議論が戦わされる中で小林はこう語った。

「先ほど経団連の話が出たんですけれども、旧姓で金融機関に口座がつくれない、つくりにくいっていうことがあると言われているんですが、たとえば銀行だと七割、作れるんですよね。残り三割は、今はつくれないいんですけど。だとすると制度上はつくれるわけですから、経団連の方たちから、その会員企業の皆さんに対して、不便を解消するように働きかけがあってもいいんじゃないかな、という風に思うのが一つです。

もう一つは、大人の選択権というのは大切なのかもしれないですけど、子どもの視点に立って物事を考えてみることも私は必要だと思います。例えば兄弟姉妹が、家族の中で姓が別々になることをどう考えるのか。そうしたことも含めてですね。もう少し複眼的な視点からしっかりと考えて……これは一気に決めればいいというものではなくて、やっぱり粘り強く、時間をかけてでも、社会的なコンセンサスを得ていくというのが私は政治の本質なのではないかという風に思います」

高市と小林という保守派は、この制度に明確に反対の意思表示を行なった。発言時間がもっとあれば、さらに議論が深まっただろう。

この議論の問題点は、小林が言うように「子供の視点」で語られていないことにある。

言いかえれば、この制度が実態を正しくネーミングされていないところに問題がある。これは、選択的夫婦別姓などという生やさしいものではなく、「強制的親子別姓制度」である。また、「兄弟姉妹別姓制度」でもある。

家族でバラバラの「氏」を名乗るという、前述のように「ファミリーネーム喪失法」なのだ。その先に待っているのは、家族の破壊であり、先祖との断絶であり、戸籍破壊である。これを推進する左翼勢力の狙いをきちんと理解しなければいけない大問題である。

ここでも、石破茂の独特の言葉が興味深い。この制度を早く実現すべきと思うか、との問いに、石破はこう語った。

「それは早い方がいいですよ。早い方がいい。私は個人的には賛成なんだけれども。党内でまだ議論が尽くされてないというところがありますんでね。これは、いつまでもいいって話になんない。実際に不便を感じてる人がいるわけですよね。通称は通称でしかないのであってね。それは選択的ということなんだから、それを否定する理由はないと私は思っているんだけども、これはもう少しっていうかな、期限を切ってもいいと思うんです。じゃあ党議拘束を外すかということになりますとね、私は脳死の時にね、もう何日も悩んで悩んで脳死は人の死ではないという風にしましたです。

それはもう、すんごい悩んで。まさしくね、生死観とかね。死生観って言ったらいいのかな、倫理観の根底に触れるものなんでね。これは本当にそういう問題なのかという気はするのですよ。それよりはきちんと党内で議論を尽くして、不都合を感じてる人が実際にいるわけ。この人たちどうしますか。そして、選択的なのだからそれはどういう意味なのかということで、事実婚というのをどう考えるか。そうするといろんな法律関係がすごくややこしくなるわけです。そういうことをきちんとクリアにした上で結論を早く出した方がいいと思ってます」

なにを言いたいのかわからない〝いつもどおり〟の物言いである。

だが、要は、選択的夫婦別姓制度に賛成で、できるだけ早期に実現するべきである、との意見であると推測された。

野党支持者には人気がある石破が、「本当にこれで自民党員に支持されるのか」は、依然、不透明だった。

第七章

女系天皇、靖國参拝をめぐる攻防

「女系天皇」をめぐる攻防

石破茂をめぐる攻防で、さらに興味深かったのは、「女系天皇」をめぐる問題である。男系でつづいてきた天皇家、その皇統を守ると言いながら石破は、「女系天皇容認論者」として知られる。批判を受けると、言葉の使い方はそのつど変わるが、根本は変わらない。

たとえば、二〇二四年八月四日に放送されたインターネット番組「ABEMA的ニュースショー」の中で、政治ジャーナリストの青山和弘氏のインタビューに答えた石破は「皇統について」こう発言している。

「悠仁《ひさひと》さまがお継ぎになる、それは当然あるべきことだ。でもそのあとは一体どうなるの？　あるいはあってはならないことだが百万が一、一千万が一でもいい。そういうことがあったらどうするの、ということは、考えておかなきゃいかんことなんでしょうね。

その時に、女性天皇、男系のね。愛子さまだとそうじゃないですか。でも、それは今、男子ということになっているわけだから、男系の女性天皇の可能性、そして、女系の男性天皇の可能性、これを全部排除して議論をするというのはどうなんだろうね。くどいようですが、今上陛下、悠仁さま、この流れは絶対に動かしてはいけないと思っています。だけど、絶対に起こってはいけないんだけど可能性を全否定できないことがあったらどうする？　それを考えるのが我々の仕事じゃないかな」

巧妙に断定を避けているが、明確な「女系天皇容認論」である。

なぜなら、石破は「万が一にも」という条件で「女系天皇」の可能性を持ち出しながら、有識者会議が提言する「旧皇族の男系男子を養子に迎える案」については、ひと言も触れないのである。

ＧＨＱの経済的圧迫によって十一宮家が一九四七年、臣籍降下を余儀なくされたが、その中には今も男系男子がつづいている家がある。

その男系男子の皇室への養子縁組を認める有識者会議の最終意見は、まさに石破の言う「万が一にも」という事態に対応するためのものである。

だが、これに石破は絶対に言及しない。もし養子縁組が容認されたら「女系天皇実現」の最大の障壁となるからである。左翼政治家にとっては、絶対に譲れない一線だ。

天皇制打倒を目指した日本共産党がなぜ二〇一九年六月に「しんぶん赤旗」紙上で「女

系天皇容認」を打ち出したのか。そのことを考察すれば、見えてくるものがある。

皇室解体を目指してきた共産党は〈32年テーゼ〉で、

「天皇制は国内の政治的反動と封建制の残滓《ざんし》の主要支柱である。その粉砕は日本における主要なる革命的任務中の第一のものとみなされる」（傍点筆者）

と主張し、〈61年テーゼ〉では、

「天皇はアメリカ帝国主義と日本独占資本主義の政治的、思想的支配と、軍国主義復活の道具となっている」（傍点筆者）

と変更され、さらに二〇〇四年の〈新・共産党綱領〉では、

「天皇の制度は憲法上の制度であり、その存廃は、将来、情勢が熟したときに、国民の総意によって解決されるべきものである」

と、変節した経緯がある。そしてついに二〇一九年六月、志位和夫委員長が『しんぶん赤旗』紙上で、

「私たちは、憲法に照らして女性・女系天皇を認めることに賛成です」

そう言い出したのである。

父親を辿っていけば神武天皇に遡《さかのぼ》ることができる男系。これは「皇統」唯一のルール

である。だが、女系天皇が実現すれば、これが「途絶える」ことになる。国際結婚で父親が中国人になれば「中国系」、韓国人ならば「韓国系」、英国人なら「英国系」となる。つまり百二十六代の天皇の皇統とは一切関係がなくなり、やがて尊敬・尊重の念も消えていくだろう。そうなれば、何代か先には国民の支持を失い、「皇室そのものがなくなる」というわけである。

人間の歩みは、戦争や権力抗争の歴史だ。

どの国、どの王朝も興亡をくり返してきた。世界史では、さまざまな国名が時代によって出てくる。だが、日本だけが一貫して「日本」として変わらない。

つまり、わが国は一度も王朝が変わったことはない。日本は世界最古の国であり、皇室は世界最古の王朝なのだ。

なぜか。それこそ男系によって「権威」と「権力」の分離に成功したことが挙げられる。権力を手にした人間は権威を欲しがり、常に両方を得ようとする。だが、日本の天皇は男系しか許されない。

要するに時の権力者、たとえば平清盛であろうが、織田信長であろうが、徳川家康であろうが、この絶対のルールによって天皇に「なり代わる」ことはできなかったのである。

これこそ、日本を〝最古の国〟にした先人の智慧《ちえ》にほかならない。過去「八人十代」いる女性天皇も、あくまで父親を辿っていけば神武天皇に辿りつく男系の女性天皇だ。その女性天皇の子である「皇統と関係のない」女系天皇は歴史上、一人も存在しないのだ。

保守政治家ならば、必ず言及する旧皇族の養子縁組案が石破には「気に入らない」のだろう。そんな人物が、果たして自民党総裁に相応《ふさわ》しいのか。

まさにそこに切り込んだのが、小林鷹之である。

九月十二日、フジテレビの「Ｌｉｖｅ Ｎｅｗｓ イット！」に候補者九人が出演した際のこと。番組には、候補者同士で「相手を指名」して質問するコーナーがあった。

石破を指名し、女系天皇について、あらためて問うたのが小林だった。

「石破候補はかねてから、男系男子のみで皇位を継承しつづけることは不可能にほぼ等しい、女系だからダメだという議論には賛同しない、と述べられています。そして、女系天皇を容認する姿勢を繰り返し述べられてきたという風に私は理解しています。

ただ、先月下旬の講演会におきまして〝容認するとは言っていない〟という風に述べたと報じられておりました。これは、これまでの考えを変えたのかどうかというところを正直、伺いたいと思います」

議員としては、はるか先輩の石破に対して、小林は真正面からそう聞いたのだ。石破は、慌てる風でもなく、こう答えた。

「そりゃ、今まで男系男子でやってきた。それが日本の伝統だ。それを尊重するのは当たり前のことであって、皇室というものをきちんと護っていくということのために、いろんな議論は当然ありうることです。同時にいかにして、国民統合の象徴であり、日本国の象徴である天皇制を護っていくかを常に考えておかねばならない」

石破らしい答え方である。

問われた内容に「まったく答えていない」のだ。皇室をいかに護っていくかを「常に考えておかねばならない」などという当たり前のことを、小林は聞いていない。しかも、石破は、共産党の用語である「天皇制」という言葉を平気で使っている。

小林は、すかさず確認の問いを発した。

「では、女系を容認しない、というふうに受け止めてよろしいですか」

正面から答えない石破への非難も含んだ再質問である。

石破はねっとりと、そして、ゆっくりと、こう言い放った。

「大事なのは、いかにして国民統合の象徴の皇室をお護りしていくかということです」

それでも答えない石破。要するに、その質問には「答えないよ」ということである。女系天皇に対して、なぜ立場を鮮明にしないのか。誰もがそう感じるに違いない。しかし、そんなことは、石破は絶対にしない。

石破は女系天皇を容認するという発言をすれば、保守派から一斉に反対の声が上がることを知っている。だから、「質問をはぐらかす」という手段しかとれないのである。

もちろん、石破の本音は「女系容認」だ。皇統を守るために、男系の宮家から「養子縁組」を容認するのではなく、石破は皇統途絶、つまり日本共産党の志位和夫と「同じ意見」を持っているということにほかならない。

靖國参拝は是か非か

靖國参拝をめぐる討論も白熱した。

若い頃から靖國参拝を欠かさない高市にとって、この問題に対する信念と覚悟は、ほかの候補者とは明らかに異なっている。総裁選に出るから急に靖國参拝をするという政治家とは一線を画している。

総裁選も大詰めを迎えていた九月二十五日、BSフジの「プライムニュース」でこの問題をめぐって興味深いやりとりがあった。同局の竹俣紅《たけまたべに》アナウンサーが、「高市さんは、今月九日にこの番組に出演していただいた際に靖國神社への参拝について、〝国策に殉《じゅん》じられた方に感謝の思いを捧げることは総理になっても変わらない。個人の心の問題で他国からとやかく言われる問題ではない。ただ、同盟国からも文句を言われると厄介な話なので、しっかりと説明する、その上で参拝できる環境を作る〟と言及されました。

参拝する際の記帳に関しては、内閣総理大臣高市早苗なのかという質問に〝そうだ〟とお答えになりました。総理大臣としての参拝となれば、やはり周辺国の反発など外交への影響も懸念されます。そもそも、どうしてそうなってしまったのかというところもありますけれども、総理総裁になられた場合に、どのように環境を整えて、どのタイミングで参拝されるおつもりなのか、教えていただけますか」

この質問に高市は、明確にこう答えた。

「靖國神社というのは、別に戦争を美化するような施設じゃなくて、百年以上も、国のために命を捧げてきた方々をお祀りしていて、たくさんの日本人がこれまでも参拝してこられました。特にご遺族の方々ですね。そこに感謝の思いを捧げる、尊崇《そんすう》の念を持ってお参りに行くということは、私はずっと大事にしたいと思ってます。

そもそも外交問題にされるべきことじゃないということは、これまでも参拝のたびに、マイクを向けられたりするので申し上げてまいりました。それといいますのはね、アメリカのアーリントン墓地でも、それはいろんな方が眠っておられますよね。南北戦争のときの方で、例えば奴隷制度に対して賛成だった人とか、それからアメリカの軍事裁判で有罪になった方もいらっしゃる。でも、メモリアルデーにちゃんと大統領が献花をして演説をされます。

私自身も大臣であっても参拝もしてきたし、それからよその国に行っても、その国の追悼施設には行ってまいりました。だから、お互いに戦争当時に敵味方あったとしてもですね、国策に殉じられた方には敬意を払い合える、そういう世界にしたいと思ってます」

世界では、ごく当たり前の話を高市は、にこやかに、そして関西弁を交えながら語っていった。

そこから他候補への質問が始まったが、「総理大臣になって参拝するか?」との質問となると、さすがに明確に「私は行く」という候補者は出てこなかった。

自身が戦没者遺族である、という小林鷹之はこう語った。

「私の祖父は、父が三歳の時に中国で戦病死しているんですね。私自身が戦没者の遺族の一人なんです。なので、幼少の頃から父が靖國神社を参拝するんですね。毎年参拝するのでそれに付いていっていましたので、私にとって靖國神社というのはそういう思い入れのある場所なんですね。内心の問題だと基本的には思っています。自分が総理になってからどう対応するかというところは、国際情勢等を見ながら、そこは適切に判断します」

国際情勢といっても、要は「中国と韓国」である。特に中国だ。

靖國神社は、「戦犯を讃《たた》え、戦争を美化する日本軍国主義の象徴である」――そんな一方的で、誤った認識を持つ中国。日本には、中国に対して太いパイプを持つ親中政治家は大勢いるが、彼らが中国側に「誤解を解く説明をした」という話は寡聞《かぶん》にして知らない。

靖國神社に祀られているペリー来航以来の二百四十六万六千人に及ぶ国事殉難者の話をなぜしないのか。

中国で、国のために命を捧げた革命戦士が眠る「八宝山革命公墓《はっぽうさん》」に国家の指導者がお参りすることに「外国からクレームがつくとしたら、あなたはどう思うか」と、なぜ中国首脳に問わないのか。親中派の面々が中国側とそんな議論すらしたことがないことが窺《うかが》える。そういう説明すらできない自民党議員は、あまりに情けないのではないか。

石破の発言もまた意味不明であり、かつ曖昧《あいまい》だった。

「やっぱり天皇陛下がご参拝いただけない。親しく参拝されると書いてご親拝と言うんですが、これは大変なことだと思っているんですよ。靖國神社ができた時の兵隊さん。兵士、そしてそのご家族への約束は、一つはどんな方でも神様として祀りますよ。どんなところに、どういう風に育とうとみんな神様です、ということですよね。一つこれ。二つは、必ず天皇陛下が祭祀を執り行なっていただきますということ。この二つがお約束なんです。日本国ってそういう国だった。

今、どなたもお祀りはしています。理由はわかんないが、陛下がお参りいただけない。それはやっぱり、これはやってはいけないことだ。これはもう恐れ多いことだけれども、陛下がお出ましいただけるような、そういう環境をつくるというのは、私は総理大臣の仕事だと思っています」

例によって、参拝するのかしないのか、明確な返答はない〝石破構文〟の炸裂である。

「天皇の御親拝」の環境をつくるのが総理大臣の仕事と思うなら、「まず総理大臣として私が参拝する」というのが話の自然の流れだが、石破はそうはならない。

そんな中で、再び発言をしたのが高市早苗である。

「高市さん、環境を整えるという点が何人かの方から出ていて、まずそれをやってからの参拝か、それと並行なのか、行くことそのものを問題化するべきじゃないという環境を整えていくべきなのか、順番の問題の部分はあるかと思います。どうお感じになっているんですか」

ＭＣの反町理《そりまちおさむ》が高市にそう質問したのである。

「それは、それぞれの国のトップが、その国のために命を捧げた方に対して敬意を表する。これは当たり前のことで、本当に他国から介入されるべきことじゃないですね。私は、例えばアメリカのメモリアルデーに文句をつけたりしないですよね。

原子力爆弾を落とされたことや、空襲でたくさんの方が亡くなったこと、国際法違反やないかという気持ちはあっても、やっぱり互いに敬意を表し合うというのは大切なことだと私は思っています」

高市はそう答えたうえで、

「内閣総理大臣と官房長官は靖國参拝しないという、なんか〝紳士協定〟があるやに聞きましたが……」

と質問した。問いかけられた林、加藤という〝二人の官房長官〟が一瞬、どぎまぎしたように見えたが、高市はそれを察したかのように冗談を交えながら、

「でも、私は〝紳士〟じゃないし……というのは冗談ですけれども、口約束の話レベルだと思いますので、それは聞かれたら、ちゃんと説明をするということじゃないでしょうか。天皇陛下のご親拝を賜る前に、やっぱり内閣総理大臣が毅然としっかりとお参りを続けると。それも環境づくりになるんじゃないかなと思いますよ」

もはや独壇場である。

中国と堂々と対峙するという「覚悟」において、他の候補者が誰も及ばないことは明らかだった。

第八章

高市を叩いても叩いても……

「なぜなんだ？」

「まさか」

「本当か」

最初にその驚きが各陣営から発せられたのは九月十三日のことだ。まさに〝衝撃のニュース〟にほかならなかった。

告示直前に「国政報告」問題をつくり出し、マスコミを使って徹底的に高市を叩いた逢沢選管委員長。だが、日本テレビの一本のニュースが、その〝真っ黒な願望〟を打ち砕いたのである。

「高市、強し」

告示後、二日しか経っていない段階で、早くもその観測が永田町を走ったのだ。

毎回、自民党総裁選では、日本テレビが、ほかのメディアとまったく違うレベルの精度を誇る世論調査結果を出すことで知られる。

日本テレビとＪＸ通信が行なう「党員・党友調査」は、前回の総裁選でも、前々回の総裁選でも、実際の投票結果をぴたりと当てたことで有名だ。

約千人のサンプルで得た結果というが、無作為に国民に電話調査して、自民党員を千人探し出すには、およそ二十万人規模の調査をしなければならない。

「日テレはきっと党員名簿を持っているのだろう」

これは自民党内部の共通認識だが、当事者の日テレが否定している以上、真偽は不明だ。

いずれにしても、精度の高い調査結果を出してくる日テレの数字は「無視できない」というのが政界の認識なのだ。逆に各陣営は、

「まだ日テレの調査は出ないのか」

と首を長くして調査結果を待つことになる。当然、日テレ関係者への各陣営のアプローチは激しくなる。

「まだ出ないの？」

「報じる前に教えてね」

そんな会話が総裁選では、日常のものとなった。

日テレが九月に入って最初に党員票の調査結果を明かしたのは、告示を翌週に控えた九

月五日のことである。二回目は告示日の九月十二日。この二回の調査で判明したことがある。

それが「高市の強さ」である。この段階で、永田町に冒頭のような衝撃が走ったのだ。

上位三人は、「石破、小泉、高市」である。しかし、一回目と二回目では、明らかに大きな変化が生じてきた。結果は以下のとおりだ。

		（九月五日）		（九月十二日）	
一位	石破	28％	↓	25％	（3ポイント減）
二位	高市	17％	↓	22％	（5ポイント増）
三位	小泉	18％	↓	19％	（1ポイント増）

明確に「トップ・スリー」が固まっており、さらに三者の中でも、順位の入れ替わりがあったのである。

九月五日に一七％で三位だった高市は一週間後、五ポイント上昇して二二％となり、一九％の小泉を抜き去った。トップ石破との差は、三ポイント。明らかに、勢いは高市にあった。

他陣営の困惑は尋常ではなかった。

特に、トップ小泉を石破が追うとの展開を予想していた陣営には、あり得ない調査結果だっただろう。

(高市はここまで強いのか)

口には出さずとも、どの陣営もそう思ったに違いない。

「推薦人集めに苦戦している」

「人が集まっていない」

そんな報道や口コミとされるものが、いかに「根拠の薄いものだったか」を各陣営は痛感せざるを得なかったのである。

驚いたのは総裁選に突入して「二週目」に入ったときである。岸田首相がまたも動き出したのだ。

「高市の勢いが止まらない」

永田町は、そのことでもちきりだった。

総裁選が始まったとき、「本命・小泉、対抗・石破、ダークホース・高市」との評があった。

だが、そのなかで「小泉の下降」と「高市の上昇」が明らかになってきたのだ。高市の討論の強さはさすがだった。あらゆる問題に、メモも見ずに持論をぶつけてくる自信に溢れた姿は、ほかの候補者を圧倒していた。

対して、小泉は〝若さ〟を露呈していた。それは〝底の浅さ〟と表現したほうが正確かもしれない。

さまざまな問題で、他候補との「知識」や問題意識の「深さ」の違いが明らかになっていた。

先に記したことだけでなく、たとえば北朝鮮の「拉致問題」が話題になった際、小泉はこう発言している。

「北朝鮮の問題についても言えますけども、やはり最終的にはトップです。北朝鮮について、ひと言、触れさせていただくと、やはり拉致問題、この解決に向けては、私が総理になったら同世代同士のトップになりますから。父親同士が会っていますから。

そういった歴史の中で関係を築いたことの礎《いしずえ》のもとに、今までのアプローチに捉われない、前提条件をつけない、同世代同士の新たな対話の機会を模索したい。そういった〝トップの動く外交〟によって、今まで切り開けなかった新たな展開を切り開いていきたいと思っています」

これは、さすがに視聴者の失笑を買った。

ネットの反応は素早かった。

「同世代だから、なんだって言うんだよ」

「父親同士が会っていたら、なに？」

「平気でおバカ発言しちゃう小泉進次郎氏が総理大臣になっていいと思ってんの？」

「同世代なら話が通じると思ってるのかな？　高校生みたい（笑）」

「そういう問題じゃない（笑）」

ネットの評価は辛辣《しんらつ》だった。

高市の強さと勢い、そして本命・小泉の失速。総裁選は予想外の展開を見せていた。

岸田首相の陰謀

そんな中、突然、動いたのが岸田首相である。

九月十七日、岸田首相は森山裕総務会長、渡海《とかい》紀《き》三朗《さぶろう》政調会長、小渕優子選挙対策委員長らと会談し、逢沢一郎委員長に高市陣営に「追加の対応を検討」するよう要請した。

〝追加の対応〟とは、例の「国政報告」問題である。

高市が八月に党員に向けて発送した、あの「何の問題もない」国政報告を、岸田首相が「あらためて問題にせよ」と、わざわざ指示を出したのだ。

信じがたい越権行為だった。

森山総務会長ら自民党執行部に岸田首相から直々に指示があったのは驚くべきことだが、高市陣営の面々には、この問題が「高市に打撃を与えるために」生じていることはわかっている。

しかし、一度やったその手口を、本来、選挙に干渉してはならない日本国のトップが手を突っ込み、再び使おうとしたのである。

あり得ないことだった。

「正直、驚きました。うちの陣営だけがやり玉に挙がっていましたが、他陣営の違反は目に余るものがありましたからね」

高市陣営のスタッフのひとりは、こう憤《いきどお》る。

「石破陣営では九月九日付の消印、また茂木陣営でも九月十一日付の消印で総裁選への投票依頼の文書を党員宛に送っています。私たちは、その文書をマスコミから見せられました。つまり、自分たちは違反行為をやっていながら、私たちのただの『国政報告』を何度も糾弾し、党員たちに〝高市＝悪〟のイメージを植えつけようとしている。許されることではありません」

なかでも石破推薦人のひとり、平将明・衆院議員は九月十六日、ＢＳ日テレの報道番組「深層ニュース」に出演し、こんなことを言ってのけた。

「高市さんのリーフレットが全国の党員に配られているんですね。これは、そのあと、選挙管理員会で〝そういうことはやめよう〟ということで、他の陣営は一切出してないんですけれども、高市さんのところだけ、その発表がある前に出されているので、全国の自民党員には高市さんのリーフレットだけが届いているという、そういう状態もあるので、それが影響しているんじゃないかという声が党内にはありますね」

また政治評論家の田崎史郎も、さまざまな番組で、

「高市さんが伸びているのは党員に配ったリーフレットのお陰です。これは総裁選管理委員会から注意された文書ということを踏まえておかなければいけません」

そう言って、〝高市糾弾〟のお先棒を担《かつ》いだ。石破や茂木の総裁選「投票依頼」の違反文書にひと言も触れない露骨さは、ジャーナリストとして非難されなければならない。

そして、九月十八日、これらの高市つぶしの謀略は、NHKが朝七時のニュースで大々的に報道したことにより、目的が達成された。

しかも、そのニュースは、石破陣営や茂木陣営の「違反ルーフレット」には一切、触れない露骨なものだった。

〈自民党総裁選挙で高市経済安全保障担当大臣が国政レポートを党員らに郵送し、党内から「不公平が生じる」という指摘が出ていることを受けて、党執行部は選挙管理委員会に改めて対応を検討するよう指示しました。

自民党総裁選挙で党の選挙管理委員会は資金をかけない総裁選挙を実現するため、今月

4日から政策パンフレットなどの郵送を禁止しています。こうした中、高市経済安全保障担当大臣が党員らに郵送した国政レポートが4日以降に届いていたことが分かり、選挙管理委員会が高市氏に注意していました。

党内からは〝党員の投票行動に影響が出る可能性があり、不公平が生じる〟という指摘が出ていて、これを受けて17日、幹事長の職務権限を持つ岸田総理大臣と森山総務会長、渡海政務調査会長ら党執行部のメンバーが協議しました。そして、執行部として選挙管理委員会の委員長を務める逢沢元国会対策委員長に改めて対応を検討するよう指示しました。

一方、高市氏はこれまでに「国政報告は毎年出しており、先月中にはすべて配送も終わっている。配送先もすべて党員というわけではなく、内容も総裁選挙にはひと言も触れていない。選挙管理委員会のルールに抵触は絶対しない」と反論しています〉

完全に〝高市つぶし〟という意図を持った報道である。

ＮＨＫは、九月四日以降に届いた石破候補や茂木候補の〝違反ルーフレット〟の現物を持っているにもかかわらず、それでも、まったく問題のない高市の「国政報告」だけを取り上げて報じたのである。

許されざる石破陣営

ちょうどこの週は、党員が候補者の名前を葉書に書いて投函《とうかん》する時期に重なっており、まさに総裁選は「佳境」だった。民放各局も、NHKを追って報じたことで、高市の打撃は大きいと思われた。

だが、石破陣営の問題行為はそれだけではなかった。

九月十八日午後五時二十五分から、総裁選の候補者九人による選管主催の演説会が大阪の梅田にある「サンケイホールブリーゼ」で開かれた。

それが終わった午後七時半から、心斎橋にある中華料理店「大成閣」で、支持者が〈石破先生を囲む会〉を催したのである。

参加費は無料で、党員に限らず、一般人も参加可能だった。

参加を募る石破支持者たちのLINEのやり取りは生々しい。

「18日19時30分から、石破先生の決起大会をします。石破先生は、最終の新幹線で帰るので、20時45分頃までになりますので、よろしくお願いします」

「明日の石破先生を囲む会は、太成閣の2階です。サンケイブリーゼに行かれている党員さんを一緒に連れてきてくれても良いですよ！　よろしくお願いします」

「石破茂先生が満足いく会場にしてきましょう！」

「予約も要らないので、突然来ても大丈夫ですよ！　石破先生の顔を見て激励してあげてくださいね！」

総裁選は「公職選挙法」とは関係がないが、支持者を高級中華料理店に招待するというのは、さすがに論外だ。

石破陣営は、「これは支持者がやっていることで関係はない」と言いたいのだろうが、何の問題もない「国政報告」をやり玉にあげ、その裏で自らは違反リーフレットを支持者に送りつけ、さらに無料で招待された党員たちの宴会で挨拶するのは、

「他人のやることは許せないが、自分はなにをやってもいい」

との〝党内野党〟、あるいは〝うしろから鉄砲を撃つ男〟の面目躍如といえた。

高市の「国政報告」再処分は、岸田首相と他陣営に散々利用された末、九月十九日、選管で却下された。

報道の力を借りた高市へのネガティブ・キャンペーンは、国民への〝負のイメージ〟を植えつけることに大いに威力を発揮したのである。

「郵送による文書類送付が禁止されているにも関わらず、一部の候補者の文書が広く党員・党友に届いた。誤解や予断を持つことなく投票に臨んでいただきたい」

選管の逢沢一郎委員長は、そう表明した。

だが、この一方的、かつ一定の思惑をもって動いているとしか思えない逢沢委員長の言動は、逆に党員たちに大いに不信感を抱かせたに違いない。

ちなみに、実際の総裁選投票の際、第一回目投票でも、第二回目投票でも、逢沢委員長は、両方「石破茂」に投票している。

マスコミは、明らかにルールに違反している石破陣営や茂木陣営の総裁選ルーフレットを入手しながら、そのことは一切、隠したまま高市批判をくり返した。

そのことは決して忘れてはいけない。

保守・現実派の政治家は、こうして自民党執行部と左翼マスコミの手によって、徹底的に攻撃されるのである。

高市に立ちはだかる中国、公明党、財務省、左翼自民党、マスコミ……すべてを相手に高市とその仲間たちは奮戦をつづけていた。

それでも伸びた高市支持

高市つぶしの陰謀は功を奏したのか否か。

永田町、いや、日本中の関心がそこに集中していた。そのタイミングで出たのが、例の「日テレ・JX通信」の党員・党友動向調査である。

岸田の信じがたい〝高市つぶし〟の行動と、それを報じるマスコミのネガティブ・キャンペーンで、果たして高市は失速したのか。

九月二十二日、日テレは注目の調査結果を公表した。

その結果に、ある陣営は歓喜の声を上げ、ある陣営は絶句し、また、ある陣営は押し黙った。

一位　石破　25％　↓　31％　（6ポイント増）
二位　高市　22％　↓　28％　（6ポイント増）

三位　小泉　19%　↓　14%　（5ポイント減）

九月十三日に二二%だった高市は、さらに六ポイント上昇して「二八%」となった。小泉は、前回の一九%から五ポイントも下落して「一四%」に。党員票は、ついに高市が小泉の「二倍」になったのである。

その代わり、石破は小泉のリベラル票を吸収し、六ポイント上昇し、「三一%」となった。

九月五日の最初の調査では、高市は一七%だった。つまり、〈一七%→二二%→二八%〉と、九人の候補者の中で、ただひとり、伸びつづけていた。

（高市だけが伸びている。これでは、石破も抜かれてしまう）

永田町で、そんな観測が広がったのは当然だ。

そして、決選投票は〈石破対高市〉が〝確定〟したかのような予測が飛び交うのである。

この調査が、高市陣営を勢いづかせたのはいうまでもない。

何の問題もない「国政報告」を違反文書としてでっち上げられ、しかも、二度にわたって糾弾の対象にされながら、そのネガティブ・キャンペーンをものともせず、逆に「票を伸ばした」ことがわかったのである。

「高市さんしか中国や財務省に対峙できない」

日本を支えてきた保守・現実派が、しっかり高市を支持していることが明らかになったといえる。

日テレは九月二十二日、〈独自〉と銘打ち、この調査結果をこう放送した。

〈電話調査で、自民党の党員、党友であると答えた人に、総裁選挙で誰に投票するか、たずねたところ、石破氏が三一％でトップ、高市氏が二八％で続き、小泉氏が一四％になりました。「まだ決めていない・わからない」は六％でした。

この結果を党員・党友票に換算すると、三百六十八票のうち、石破氏が百二十一票程度を獲得する情勢で、高市氏は百十票ほど、小泉氏は五十四票ほどです。

一方、同じ三百六十八票の国会議員票の情勢について、取材したところ、今日までに小泉氏が五十台なかばの票を固めており、石破氏は四十票弱、高市氏は三十票を超える票数を獲得する情勢です。

態度不明の議員は四十五人ほどいます。党員・党友票と国会議員票を合わせると、石破氏が、全体のおよそ二二％の百六十票程度を獲得し、一位となる情勢です。二位の高市氏は百四十票を超える見通しで、小泉氏が百十票弱で追いかける展開となっています。

この三人が四位以下を大きくリードしている一方、誰も過半数には届かない見通しであることから、このうち二人による決選投票となることがほぼ確実な情勢です〉

総裁選レースは、本命・小泉進次郎が脱落し、石破と高市の戦いになっていた。

小泉を〝失速〟させないために、さまざまな工作が展開されたことは、知る人ぞ知る。その成果として、地上波のワイドショーや一般紙では、「小泉進次郎」が最も取り上げられた。

ワイドショーでは政治評論家が必死で小泉を持ち上げていた。実情を無視した報じ方によって、「情報弱者（注＝テレビや新聞だけを主な情報源とする人たち）」は少々、動かせたかもしれないが、それ以上の成果を得ることはできなかったのである。

第九章

最終盤の激戦

実働部隊の活躍

各陣営の選挙運動も熾烈《しれつ》なものになっていた。

党員への電話、議員への説得、地方組織への連絡……電話、電話、電話である。地方でも同じだ。それぞれの陣営の議員が必死の活動を展開した。

「うちでは、事務所に新たに六本の電話回線を引いて、電話をかけまくりました、自分の県の党員名簿を〝これでお願いします〟と渡され、あとは朝から晩まで電話部隊にひたすら電話をかけてもらいました。手ごたえは大いにありましたね」

高市陣営で懸命の運動を展開した議員のひとりはそう語る。

実際にボランティアで電話かけ部隊となった女性の話はこうだ。

「私は千葉県下でやりました。自民党の元県議の事務所が携帯電話を四、五台用意してくれていて、そこでやりました。千葉県下のそれぞれの市の党員名簿を渡されて、電話かけをしました。千葉県からは小林鷹之さんも総裁選に出ていますから、仁義ですのでその選挙区には一切、電話をかけませんでした。

基本、午前十時から午後七時までです。ぶっ通しでやるんじゃなくて、ボランティアですから、行けるときに行くんです。私は時間が空いているときに、何時間かお手伝いさせてもらうというかたちで参加させてもらいました」

電話先の反応はどうだったのだろうか。

「最初に〝高市事務所でございます〟とお伝えしますから、相手はハイ、ハイと出てくれる方が多かったですね。反応は予想以上によかったですよ。ご高齢の方の場合は、留守電の場合が多くて、留守電に〝高市事務所です〟と吹き込んだら、そこから留守電を解除して出てくれる方も結構、いらっしゃいましたね。

〝もう高市さんに入れましたよ〟とか〝いい加減、可哀想だから石破さんに入れてあげようと思っていましたが、やっぱりテレビでの討論を見て、高市さんに入れることを決めました〟とか、党員の皆さんはきちんと答えてくれました。

結果は、千葉県は石破さんでも小林さんでもなく、高市さんがトップを取りましたから感触どおりでした。ボランティアにお食事の提供ですか？　別に出なかったですが、たまに元県議が牛丼を買ってきてくれることがありましたね」

全国各地でそれぞれの陣営が懸命の電話かけ作戦を展開していた。

高市陣営は、東京では前述のとおり、赤坂の議員宿舎近くにあるＴＫＰビルの地下に電話かけなどを行なう実働部隊の事務所を置いた。

高市事務所は、早々に携帯電話を「八十台」確保し、そのうち六十台以上を地方に送った。「これをお使いください」というわけである。

残りの二十台近くが、東京在住の党員にかける携帯として使用された。東京の場合も、新たに電話回線を引くのではなく、この携帯を駆使して行なった。

事務所はＴＫＰビルの地下二階だったため、当初は電波が届かなかったが、すぐに中継局をつくってもらって対応した。まさに、ここが党員獲得の戦いの最前線となったのである。

電話部隊として参加したボランティアはこんなことを語る。

「地下二階に部屋が確保されていて、陣営の秘書さんたちが詰めていましたね。パーテーションで区切られた左の奥に電話をかけるスペースがありました。最初はボランティアが十人ぐらい居ましたかね。壁際にコの字型に長机が置かれており、そこに携帯が等間隔で置いてあって、そこから党員名簿に基づいて電話をしていきました」

中心は東京の党員たちだったのだろうか。

「そうです。全国の党員に対しても行ないましたが、基本は東京です。陣営の議員秘書が四人ほどいらっしゃって、その方々は部屋に入って右側のスペースに詰めておられましたね。

一時期、高市陣営の議員が関係する事務所が平河町の砂防会館の近くにあり、そこで新たに電話作戦を展開しましたが、スペースが狭すぎて、すぐにＴＫＰビルのほうに戻ってきました。やはり、〝お金を使わないようにする〟という方針が示されていましたから、できるだけ費用が発生しないようなやり方で高市陣営はやっていました」

党員票獲得に向けて、各陣営とも電話部隊はフル稼働したのである。

ある陣営スタッフによれば、

「高市陣営のそれぞれの議員は、地元だけでなく国会議員会館の議員事務所でもやってくれていますからね。それぞれが党員名簿だけでなく、自身の後援会名簿もありますから、各議員事務所が徹底的に自身の選挙区で〝高市票〟を掘り起こしてくれました」

苛烈な「選対会議」

一方、衆議院第一議員会館九階の九一八号室に集《つど》った陣営の議員たちもまた議員票獲得のために懸命の戦いを展開していた。

他陣営では、伝統的に議員の星取表が壁に貼られていることが多かった。この星取表の結果がそのまま勝敗を映《うつ》し出すので、これは自民党総裁選の伝統、いや、「名物」といっていいだろう。

一人ひとりの議員に、投票依頼を行ない、その感触に従って、◎、○、△、×をつけ、星取表に記入していくのである。

各陣営で開かれているこの〝票読み〟会議ほど怖いものはない。

そこに出席した議員が、一人ひとり発表して星取表につけていくのである。そこでは、容赦のない「人物評」が交わされるのが総裁選での〝恒例〟である。

「そいつの言うことを信用するのは危険ですよ」

「そうだ。あいつは適当に話を合わせているだけで、実際には投票してくれない」

「こいつが本当にそう言ったのか。それなら信用できる」

……等々、対象となるその議員の信用度が議論されるのである。もし、当事者本人が聞いていたら、

（俺はこう見られていたのか）

（私の評価って、この程度のものなの？）

と赤面したり、立腹したりするに違いない。

この議論を経て評価がなされ、「絶対入れてくれる」という◎や、「ほぼ入れてくれる」の○、「あと少し」の△、「絶対無理」の×がつけられていった。

各陣営の票読みはこうして積み上げられていったのである。その中で「△」評価の議員には、

「この議員は、別のアプローチでやってみよう」

「彼の後援会長には、私にもルートがある。そこを使って再度、チャレンジだ」

「同じ県のよしみで、もう一度、アタックしてみてくれる？」

「彼とは大学が同じだよな。そこを強調して、また説得を試みてよ」

そんな議論が交わされ、緻密な説得活動が進んでいったのだ。

高市陣営では、星取表は貼り出されなかった。

会議が開かれるたびに、A4の紙に新たな情報を入れてコピーし、それぞれの参加者に配って、これを手元に置いて検討し合ったのである。

高市陣営の評価の仕方は厳格だったが、欠点もあった。

岸田派へのアプローチが薄かったことである。

高市陣営に妙な安心感、いや思い込みがあったのは事実だろう。前回の総裁選で、議員票を「百十四票」も集めた高市陣営。丸々、その票は決選投票で岸田に投ぜられ、そのことによって「岸田政権が誕生」した経緯がある。

それだけに他派へのアプローチに比べ、「岸田派の面々が裏切るはずがない」との思いがあったことは否定できない。結果的にそれが致命傷になったことは、後述する。

選挙戦が進むにつれ、その厳格な評価で「◎」となった議員は「三十人」から「四十人」、そして「五十人」へと着実に増えていった。

しかし、マスコミは「高市票は三十ほど」とか「約四十」といった過小評価したものしか報じられなかった。高市へのネガティブ・キャンペーンは、そこまで徹底したものだった。あまりのマスコミの過小評価に高市陣営の重鎮・高鳥修一は自身のXで、

〈高市さんの議員票は30ではない。ずっと多いがそれ以上は伏せておきます。今に見ておれということです〉

そう発信したほどだ。すでに「五十票」を超えていた高市を「三十票」にしてしまうマスコミ。どんなことをしても、高市を叩き落としたい左翼メディアの涙ぐましい意図的報道だった。

左翼メディアだけではない。どのマスコミもどこかの陣営とはくっついており、その陣営が有利になるような情報ばかりが集められ、報じられていた。

だが、結果は混沌。まさに歴史に残る大激戦となっていた。

前夜に流れたビッグニュース

最終盤は、石破茂と高市早苗の「二強」の争いが有力と報じられ、永田町には「失望」と「希望」が渦巻いていた。それと同時に、

「高市政権だけは阻止せよ」

という通常国会開会中からつづく動きに「焦り」が伴ってきたのも事実である。そんな

中で、投票前日には、

「高市が総裁になれば、公明党の創価学会票が得られなくなる。靖國参拝問題でも、中国との関係がまずくなる。なんとしても高市総裁は避けるんだ」

そんな情報が出まわり、高市選対の九一八号室にも、次々と入ってきた。半年も前からことあるごとに流布されてきた情報である。

既述のように中国が最も嫌がるのは高市政権であり、同じ与党の公明党が中国の意を受けて「反高市」で動いていることは高市陣営も承知している。

しかし、最終盤のこの動きは、〝規模〟が違った。

高市選対にいる議員にも、また星取表で「◎」がついている議員にも、次々とアプローチがあったのである。かなりの規模であることが高市陣営でもわかった。

そして、実際にそれを受けた議員から、「その指示の大元は、岸田首相本人」との情報が入ってきた。

「宏池会が動いている」

宏池会が反高市で大規模に動くことは、想定外である。前述のように前回の総裁選で岸田政権ができたのは、高市票の「百十四票」が岸田にまわったからだ。それを無視するのはあり得ない、と高市陣営は思い込んでいたのである。

前出のスタッフは、

「それが甘さといえば、そのとおりだったと思います。いろいろ情報が入ってきているのに、それでも内心の願望のほうが強かったですね。宏池会（岸田派）工作の甘さが結果的に致命傷になってしまったと思います」

だが、逆に陣営を沸き立たせる出来事がその夜、起こった。

投開票前夜の午後十時三十三分、産経新聞が〈独自〉と謳《うた》って〈自民・麻生副総裁が高市氏支持へ、麻生派議員にも指示　1回目から〉というニュースを放り込んできたのだ。

夜遅くにもかかわらず、永田町に走った衝撃は尋常なものではなかった。

まずはその記事を見てみよう。

〈自民党の麻生太郎副総裁が、総裁選（27日投開票）で高市早苗経済安全保障担当相を支持する意向を固め、岸田文雄首相（党総裁）らに伝えたことが分かった。26日、複数の党幹部が明らかにした。

麻生氏はこれまで麻生派（志公会）の河野太郎デジタル相を支援する考えを示していた。

麻生派は河野氏や上川陽子外相らに推薦人を出していたが、麻生氏は1回目の投票から高市氏を支援するよう同派議員に指示を出した。

総裁選は高市氏のほか、石破茂元幹事長と小泉進次郎元環境相の3人が激しく競り合う混戦となっている。麻生氏はこのうち、首相在任中に自らに退陣要求を突きつけた石破氏や、関係が良好ではない菅義偉前首相と近い小泉氏支持には難色を示していた。

ただ、党として派閥解消を掲げる中、麻生氏の派閥単位での指示が同派議員に徹底されるかは不透明だ〉

一回目投票から高市で行く――。

そのインパクトの強さを言葉で表現することは難しい。

自派から総裁候補として河野太郎を出している麻生派が一回目投票から高市全面支援で動くことは、完全に「予想外」のことだった。

「麻生さんが高市支援にまわることは予想していました。しかし、それも決戦投票（二回目投票）だと思い込んでいました」

と、取材にあたっていた政治部記者も驚きを隠せなかった。

「今回の総裁選は、麻生、菅、岸田のキングメーカー争いという側面を持っていました。菅さんが小泉を推し、岸田首相は小泉か、石破か。いずれにしても、党内左翼勢力である宏池会は、政治信条からいっても〝高市以外〟を推すだろうと思われていました。するとと麻生さんの選択肢は高市しか残されていなかったんです。そもそも政策や国家観は、麻生さんにとって高市さんが一番近いことは衆目の一致するところです。だからこそ、決選投票では〝高市支援〟に入るだろうと思っていました。

総裁選の最中に流れてきたのは、高市陣営の麻生さんへのアプローチです。九州・福岡の人脈を使うなど、高市陣営は、相当、麻生さんへの接触を試みていましたからね。それにしても、〝一回目投票から高市で行け〟と来るとは予想もできませんでした」

土壇場での岸田首相の激しい〝反高市運動〟が麻生の耳に入ったからかもしれない。

安倍晋三の最大の盟友・麻生太郎には、万が一にも「石破政権」という名の左翼政権が誕生すれば、日本という国自体が瓦解することがわかっていたのだろう。

高市の国家観、歴史観、政治信条は、もともと麻生が高く評価するところだ。安倍がいかに高市早苗という政治家に信頼を置いていたかを、麻生は知っている。

あらゆる妨害工作をものともせず、無派閥でありながら、ここまで奮闘した高市を麻生は評価していたのである。

土壇場の麻生の支持表明は、新総裁は「高市が有力」との評の信憑性をさらに深めていった。

第十章

どんでん返しの裏

「高市は強かった」

二〇二四年九月二十七日、総裁選の本選（第一回目投票）で高市早苗が発揮した強さは、両院議員総会の会場を埋め尽くした自民党議員だけでなく、テレビ中継にかじりついていた国民をも唸《うな》らせた。

保守・現実派の面々は、「高市なら危機に陥っている日本を救うことができる」と信じている。あらゆる政策に通じ、中国の脅威の本質を知り、しかも積極財政派で財務省とも対峙できる稀有《けう》な政治家、高市早苗。左翼マスコミから靖國参拝を非難されても、

「国策に殉《じゅん》じた方へ感謝の誠を捧げることを外交問題にするべきではないし、されるべきでもありません。御霊《みたま》に対し、尊崇の念を持って感謝の誠を捧げてまいりました。

また、ご遺族の皆さまのご健康をお祈りしました。命をかけて多くの方々が私たちの美しい国土や家族をお守りくださった。仲間たちと一緒に力を合わせて、この日本列島を強く豊かにして、次の世代に引き渡す使命を負っていると私は思っています」

こう堂々として言ってのける〝女傑〟に、安倍晋三の後継者として最後の期待を抱いて

いるのである。

無派閥であるがゆえに、党内基盤こそ物足りないが、それを補う信念と国家観、歴史観を持つ高市は、寄せられる期待に応え得る政治家といえる。

だが、ここまで「強い」とは、正直、思っていなかったのではないか。

九候補が獲得した票は次のとおりだ。

一位　高市早苗　＝181票（議員票72、党員票109）
二位　石破茂　＝154票（議員票46、党員票108）
三位　小泉進次郎＝136票（議員票75、党員票61）
四位　林芳正　＝65票（議員票38、党員票27）
五位　小林鷹之　＝60票（議員票41、党員票19）
六位　茂木敏充　＝47票（議員票34、党員票13）
七位　上川陽子　＝40票（議員票23、党員票17）
八位　河野太郎　＝30票（議員票22、党員票8）
九位　加藤勝信　＝22票（議員票16、党員票6）

高市は党員票を二十万三千票獲得してトップに立ち、議員票もマスコミ予想の二倍以上の七十二票を獲得し、計百八十一票。二位石破茂の百五十四票に二十七票もの差をつけたのである。

これで決選投票は「高市対石破」となり、専門家のほとんどは「勝負あった」と見た。党内で人望もなければ、仲間もいない石破氏が逆転できる可能性は小さかったからだ。

だが、信じがたいことが起こった。

決選投票で、石破は高市を「二百十五票対百九十四票」と逆転した。

高市陣営のある議員はこんな内幕を明かしてくれる。

「決選投票になった場合の議員の高市票は二百八票と見ていました。一人一人、何度も確認し、そこまで積み上げていました。これに党員票が加わるのでいけると思いました。前々日あたりから〝高市総理では日中関係が壊れる〟とか、〝公明創価学会票が高市では離れてしまう〟というネガティブ情報が激しくなっていました。それでも、電話と議員たちとの直接の話し合いで、丹念に票数を積み上げていたのです」

勝てる――陣営の誰もが思っていた。

しかし、結果は異なったのだ。

「当日になっても、岸田首相の〝高市はダメだ。高市以外で行け〟、〝公明票が離れるぞ〟との指令が出ている、との情報は確かにありました。ネットでは前夜から麻生さんの高市支援がものすごい話題になっていたので、このままではキングメーカー争いで〝麻生に負ける〟との思いが岸田首相には強かったのかもしれません」

だが、それでも高市陣営は半信半疑だった。

前述のとおり、二〇二一年の前回総裁選で、高市陣営は一回目投票でとった百十四票の議員票を要請に応じて岸田に投じており、その〝恩義〟を忘れて、まさかそこまで徹底的な〝高市つぶし〟を指令するとは思っていなかったのだ。

高市だけには入れるな――財務省の操り人形といわれ、親中派でも知られる岸田首相は、中国と財務省が最も嫌がる「高市政権」を阻止する方向に懸命に動いたのである。

一回目投票で二十七票もの差をつけられていた石破は、岸田首相のおかげで土壇場の大逆転を果たすのである。

ありえないことの連続

日本の苦難の道はその瞬間に決まった。

石破は先に記したように、〝党内野党〟として朝日新聞など左派メディアの意見を代弁する役を担い、〝うしろから鉄砲を撃つ男〟、〝裏切り政治家〟など、多くの異名を持つ。その石破が日本の国家の領袖《りょうしゅう》となることが確定したのだ。

自民党に批判的で立憲民主党に政策や思想が近い石破は、「次の総理」を問う調査でそれなりの数字を出してきたのは、野党支持者が「石破」と答えるのだから当然である。この〝目晦《めくら》まし〟の数字によって、「国民的人気がある」と〝情弱〟の国民を騙してきたマスコミと、それにまんまと乗ったのが、石破に投票した自民党議員たちだった。

自民党は安倍時代に史上初の国政選挙六連勝を成し遂げた。岩盤支持層である「保守・現実派」と、無党派の保守層の支持を受ける「政策」と「哲学」を安倍が駆使したからにほかならない。

だが自民党左派勢力の宏池会の会長だった岸田は、ＬＧＢＴ法や移民推進、対韓〝弱腰〟外交など、左翼リベラル政策を次々と敢行し、完全に岩盤支持層に背を向けた。

安倍政権を支えた保守層は、最初は驚き、呆れ、そして最後にソッポを向いた。

内閣支持率は下がり続け、二〇二四年七月に、ついに一五・五％（時事通信調査）の異常事態となったのは既述のとおりである。

その支持を戻すのは、岸田よりさらに左翼である石破ではないことは明白だった。実際にその当たり前の事実を認識している党員や議員によって、保守・現実派の旗手である高市早苗は一回目投票でダントツの「トップに立った」のである。

石破首相が誕生すれば、総選挙での惨敗は必至だ。それだけに、どれほど親分である岸田に言われても、宏池会の議員たちは「思い通りに動かないのではないか」と高市支持派は思っていた。

自らのバッジを外すような、そこまでの愚かさは持ち合わせていないのではないか。そう考えていた面々は、自らの甘さを思い知ることになる。

自民党議員の愚かさは国民が考えているより、はるかに「上」だったのだ。

岸田戦略は功を奏し、まさかの石破首相誕生を国民は目のあたりにした。

なぜ高市は敗れたのか

ベテランの大手紙政治部デスクがこんな解説をしたのが印象的だった。

「本選（第一回投票）で石破さんの議員票は四十六票ですよ。高市さんは、党員票二十万三千票で勝った上に、議員票も七十二票で、石破さんに圧倒的な差をつけた。この時点で総裁選は正直、〝勝負あった〟と思いました」

だが、「その先」に用意されていた落とし穴を、高市陣営に近い自民党の幹部職員はこう解説してくれた。

「高市陣営は、保守・現実派を嫌う左翼マスコミに徹底的にいじめられていたし、党内の左翼リベラル勢力による攻撃をずっと受けていました。〝推薦人が集まっていない〟などの話や、総裁選が始まってからも、実際の議員票は積み上がっているのに、不当に過小評価の報道がつづきました。後半が来ても、議員票は三十とか、四十とか、あり得ないほど小さな票数しか報道されなかった。しかし、実際には、党員票も、議員票も、順調に積み上がっていたのです」

高市の獲得票数を過小に報道することによって、他陣営を勢いづかせ、それ以上、高市のもとに「票が向かわない」ようにするためだったことは先に述べたとおりである。

「高市氏が党員の一部に送った『国政報告』を、岸田さんがあそこまで利用した時点で、岸田さんの動きをもっと予測すべきでした。明らかに〝これで高市を引っかけてやろう〟と、岸田さんは考えていたのですから。しかも、もともと岸田さんは、靖國参拝に反対だし、中国につき従っていきたい親中派議員の代表ですからね。〝安倍的〟なものを排してきた岸田さんには〝高市の選択肢はなかった〟のです」

この『国政報告』だけが「過去にさかのぼって違反」とされた時点で「岸田の背信」については、もっと注意を払わなければならなかったのだ。

考えてみれば、高市の強さは岸田が焦りを感じたように、かなり際立《きわだ》っていた。

東京商工リサーチは総裁選直前の九月四日から九日にかけて「日本経済や自社ビジネスの発展に寄与すると思う候補者は誰か」との企業向けアンケート調査を五千九百社超に対して実施し、高市が圧倒的一位についていた。ここでベスト3に入ったのは、やはり、

高市早苗（24・4％）

石破　茂（16・9％）
小泉進次郎氏（8・3％）

であり、経済界では、ほかにも九月九日に発表されたＱＵＩＣＫ月次調査でも「株式市場からみて望ましい候補は誰か」との調査で、

高市早苗（29％）
小林鷹之（17％）
小泉進次郎（15％）

となり、石破茂（10％）の四位を大きく引き離していたことがわかっている。共同通信が九月十五日・十六日に実施した自民党支持層に対する調査でも、

高市早苗（27・7％）
石破　茂（23・7％）

小泉進次郎（19・1％）

となり、読売新聞（九月十六日付）も〝党員・党友票〟と〝国会議員票〟を合わせて算出した数字でも、

高市早苗（123票）
石破　茂（123票）
小泉進次郎（105票）

という結果となっていた。

つまり、高市は総裁選全般を通して、実は、ほぼ「首位」を走っていたのである。

裏切りの代償

その高市政権を阻止した岸田文雄首相。決戦投票で石破が高市を「二百十五票対百九十

四票」で逆転勝利したということは、わずか「十一人の議員」が高市の名を書いていれば、結果は「逆」になったことを示している。

土壇場で宏池会の議員が結束し、岸田の指示にしたがって、石破に投票したことはもちろん驚きだが、それよりも旧安倍派の中で、石破に投票した人間がいたことは、大きな波紋を呼んだ。

石破だけはダメだ——旧安倍派で安倍晋三の薫陶《くんとう》を受け、そして派閥の恩恵を受けてきた議員が、よりによって、亡き師の言葉に反して「石破に投票した」ことは、旧安倍派の中で「許されざること」だったのだ。

特に、安倍派最高顧問だった衛藤征士郎への旧安倍派内の反発は大きかった。

衛藤は二〇二四年五月十一日、大分市で高市早苗と私とのダブル講演会が行なわれた際、中心になって動いた人物である。

高市を応援するために講演会の最前列に座り、歓迎のレセプションでも代表して挨拶をした。

しかし、蓋《ふた》を開ければ、二回とも石破に投票。旧安倍派内で、石破への投票依頼をしていたことも相俟《ま》って、衛藤への「裏切り行為だ」との非難は、総裁選から一カ月以上経っても消えなかった。

ネット番組「デイリーWiLL」（十一月二日配信）で旧安倍派の高鳥修一は、衛藤征士郎のことにこう言及している。

「一番残念なことをした人たちというのは、旧安倍派で石破さんを推した人たちですよね。八人か九人ぐらい居ると思うんですが、この人たちの中の代表格で、一人だけ名前を言って申し訳ないんですが、衛藤征士郎先生。最高顧問ですよね。安倍派の最高顧問が石破さんの推薦人になったんです。

みんなにも〝推薦人になれ〟と電話してるんですよ。あちこち若手に。これについていった人たちがいて、この人たちがそんなことしなければ、高市さんは勝てたんではないかな、と私は思うんですよね。でも、その石破さんについていった人たちが見事にみんな公認を外され、切られ、選挙に出られなかった人もいる。安倍先生は自分の支持を上げるために仲間を切るようなことは絶対しなかった。大変な時でも部下を庇《かば》いましたよ。そこが違うところですね」

安倍派でありながら、こともあろうに「石破茂」に投票した――たしかに、かつて安倍派として同じ釜の飯を食った仲間は許しがたいだろう。

尾身朝子、菅家《かんけ》一郎、上杉謙太郎、亀岡偉民《よしたみ》、森まさこ……等々の旧安倍派議員は石破に投票した。かつての仲間との間に軋轢《あつれき》が生じたのも無理ない。

だが、彼らが石破から受けた仕打ちは厳しかった。不記載問題を理由に、さまざまな境遇に追い込まれたのだ。

尾身朝子は比例単独での出馬を目指していたが、石破からの支援が得られないまま出馬断念に追い込まれ、同じく菅家一郎も福島三区から出馬予定だったが、非公認とされ、これまた不出馬になった。

さらに上杉謙太郎は、一度、比例辞退となったが、菅家が出馬を断念したためにその選挙区である福島三区から無所属で出馬。しかし、あえなく落選し、亀岡偉民も重複立候補が認められず、落選となった。

安倍派への恨みが骨髄の石破首相にいくら媚《こび》を売っても、旧安倍派の面々への石破の仕打ちは厳しかったのである。石破が〝仲間を背中から撃つ男〟と呼ばれる意味を知らなかったのか――と旧安倍派の中でも語り草だ。

おそらく彼らの議員人生を通じて、尾を引くに違いない。

第十一章

唖然とする石破内閣

始まった自民党の迷走

そして唖然とする保守・現実派を尻目に、石破はやはりとんでもないことをやり始めた。総裁になった途端、石破は、

「すぐに衆院を解散する」

と言い始めたのだ。しかも自分がまだ「首班指名」も受けていない、単なる自民党「総裁」という立場の段階で、である。

詳細は後述するが、前言を翻《ひるがえ》して、いきなり、「10・27総選挙」へ突き進んでいったのだ。まさに「議論もないまま」の突然の解散・総選挙にほかならなかった。

だが、それは〃悪夢の始まり〃に過ぎなかった。

先の大手紙政治部デスクによれば、

「原発の稼働問題も、金融所得課税も、新しい資本主義に対する見解も、アジア版NATOについても、とにかく総裁選で主張した政策を、石破さんはすべて消したり、引っくり返していったんです。これには驚きました。われわれ取材する側も、石破さんのいい加減

さはわかっていたつもりですが、さすがにここまで露骨だとは思いませんでした」

前言は翻す、約束は反故《ほご》にする、持論も引っ込める、という展開に、国民は言葉を失った。

二〇二四年十月一日に発足した石破内閣を見た国民は、心底、啞然としたに違いない。短期間で国民の信を問うなら、発足する内閣は少なくとも国民に〝さすが石破さん〟と唸《うな》らせるものでなければならなかったはずである。

しかし、発表された内閣の顔ぶれは、永田町の常識とはかけ離れたものだったのだ。石破内閣には、石破と近い自民党国防族の面々が顔を揃えた。岩屋毅《たけし》外相、中谷元《げん》防衛相、首相補佐官にも長島昭久元防衛副大臣を起用し、政治部記者たちの間から、

「仲間が少ない石破さんらしい」

「反主流派の在庫一掃セール」

との声が飛んだ。なかでも「まさか」と絶句したのは、総務大臣に起用された村上誠一郎である。

いわずと知れた石破と並ぶ安倍政権時代の「党内野党」の代表格で、安倍晋三元首相の国葬儀を前にして、安倍を「国賊」と非難したことで知られる人物だ。

起用すれば安倍派だけでなく、自民党の岩盤支持層の反発はすさまじいものとなることは明らかで、わざわざ国民に対して「喧嘩《けんか》を売っているようなもの」だった。さすがに森山幹事長らも反対したが、それを押し切って、石破首相が「ねじ込んだ」のである。

「これで石破内閣が〝反安倍内閣〟であることが国民にあらためて印象づけられました。村上さんは行政改革担当相として小泉純一郎内閣以来、十九年ぶりの入閣でした。本人もびっくりしたでしょうね。友だちの少ない石破氏の〝唯一の友人〟とまで称されていた人ですが、まさか実際に石破内閣が誕生するなど、夢にも思っていなかったでしょうから」

自民党の本部職員の一人は、そう解説してくれた。

官邸への呼び込みの電話を受けた村上は記者たちに、

「裏金問題や旧統一教会問題もあったからねえ。前任者のいろんな〝負の遺産〟がある。これから、どう解消しながらやっていくか。これは、非常に難しいよ。そのことを心配している」

そう述べたのである。ご本人は、あの国賊発言がまだ問題にされるとは思っていなかったのかもしれないが、冗談ではない。

選挙応援の演説中に銃撃されて亡くなった首相の国葬儀を前にして、たとえ思想や信条が真逆だったとしても、人として決して口にしてはならない言葉である。

村上はこの発言で「党役職停止一年」という処分を受けるが、軽すぎる処分と話題になった。しかし、よりによってそんな過去を持つ人物をわざわざ大臣に任命する石破首相のセンスが疑われた。

だが、記者たちを前にして村上は、あとで撤回することになる〝アベノミクス発言〟もここでやってのけた。株や為替の乱高下に対して、こんな見解を披歴《ひれき》したのだ。

「残念ながら、これはアベノミクスの負の遺産だと思う。総務大臣は非常に守備範囲が広いポストだ。新たな課題もあり、勉強する必要があるので、当面はそれに集中しようと思う」

東京新聞には、この時の村上のことがこう記されている。

〈19年ぶりの入閣となったことについては「納得いく人の下で働きたいので、あえてポストを求めなかった」としつつ、「支持者が〝よく筋を通して頑張ってくれた。嬉しかった〟と言ってくれた時は、私もじーんときた」と涙ぐんだ。

「国賊」発言で党の処分を受けたことに関しては、「（安倍氏の）遺族の方には謝罪した」

と説明。「（国葬の是非を巡り）ずっと正論を言い続けたつもりだ。ただ、人間社会だから感情が伴う。これからは融和的にやっていく」と話した。

旧安倍派の若手は、村上氏の入閣について「安倍元首相がいた時代なら、ありえなかった。天下が『リベラル』に取られ、時代が完全に変わってしまった」と嘆息。「党内融和とはほど遠い人事だ」と懸念した〉（二〇二四年十月一日付）

天下が「リベラル」に取られ、時代が完全に変わってしまった――まさに、成就《じょうじゅ》した自民党の「左翼革命」を端的に表わす言葉である。

そして、この村上起用問題は、皮肉にも国民の懸念と反発を一気に受けるようになったことで石破内閣の性格を象徴的に表わす出来事となった。

「だらし内閣」のスタート

石破内閣は、最初から躓《つまず》いた。首相官邸で撮影されたひな壇写真に、非難が殺到したのだ。

任命式と認証式のあとに行なわれる記念の撮影では、男性はモーニング、女性はドレスや着物などの正装が慣例となっている。何十年、何百年経とうが歴史に残る写真だから当然だろう。

しかし、石破内閣のその写真に国民は驚いた。

総理官邸の階段での撮影では、石破首相を最前列中央、左隣に中谷元防衛相、そして斉藤鉄夫国交相、右隣には林芳正官房長官、そしてその右に村上誠一郎総務相が並んだ。その際の着こなしが「あまりにひどい」という声が巻き起こったのだ。

石破首相はズボンの裾《すそ》があまり、しかもヨレヨレ。モーニングではベルトをせず、サスペンダーを使うのがマナーだが、それもせず、ベルトがそのまま見えていた。

また、ジャケットのボタンをはめた下あたりから腹部の素肌が覗《のぞ》いているように見えた。そして顔のアップ写真では、買ったばかりと思われるメガネに、まだ「シールが貼られていた」ことがネットで話題になった。

同じく村上総務相も、ベルトが下からはみ出し、首を傾げ、脚は開き、この上なく、だらしなく写っていた。

スポーツ紙やネットは「口ぽかーん」「腹ぼよーん」「裾だらーん」との言葉でこの着こ

なしを揶揄《やゆ》した。

「だらし内閣」

ネットで石破内閣はそう命名された。

この評価が日本だけで済むなら、まだよかった。だが、マナーや着こなしにうるさい欧米ではそういうわけにはいかなかった。

腹部の素肌が覗いている写真の部分を官邸のホームページが修正したことが明らかになると、イギリスの公共放送ＢＢＣが、

〈日本政府、新内閣写真の加工を認める「軽微な編集」と説明〉

と報じ、ロイターやＡＦＰも、

〈石破内閣の集合写真、「軽微な編集処理行った」＝林官房長官〉

〈「だらし内閣」写真、官房長官が修正認める〉

と世界に伝えたのである。

なにごとにも「緻密《ちみつ》」で、「丁寧な対応」をすることで世界の評価を受けてきた日本。だが、石破内閣は、それを台なしにするほどの〝だらしなさ〟を世界に見せつけた。

それでも国民の驚きは、まだ序の口だった。総裁選の過程で早期解散を訴える小泉進次

郎氏との差を強調するために、

「国民にご判断いただく材料を提供するのは政府の責任であり、新しい総理の責任ですからね」

「本当のやりとりというものは、予算委員会でやるものです」

などと述べ、

「私は〝すぐに解散します〟というような言い方は、絶対に致しません」

特徴的な言いまわしで、そう断言したはずの石破がこれをどう覆《くつがえ》したか、あらためて見てみよう。

首相に就任した十月一日、石破新首相は会見で記者たちに向かってこう語った。

「新しい内閣が発足したら国民に信を問うものです。この内閣を支持してもらえるか、ほかの選択肢があるのか、主権者たる国民に問うのが大義です」

さすがに記者たちもわが耳を疑った。これでは、総裁選の議論は何のためにあったのかわからない。

質問が記者から飛んだ。

「総裁選中には、解散・総選挙をすぐには行なわない、と仰っていましたが……」

これに石破首相はこう答えた。

「やはり新しい内閣が発足をしたからには、国民の皆さま方に信を問う。そして、この内閣がいかなるものであるかということは、これから先、今日もそうですが、申し上げてまいります。この内閣をご信任いただけるか、あるいは、ほかの選択があるのか、それを主権者たる国民の皆さま方に問うのが、私は大義だと思っております」

記者たちは、どういう経緯で解散・総選挙が出てきたのか事情を知っている。

新たに幹事長となった森山裕が、

「とにかく、すぐに解散・総選挙を行なうことです」

そう強く首相に迫ったからにほかならない。

理由は簡単だ。それしか「方法がなかった」からである。

閣僚たちの〝身体検査〟もしないまま、これまで非主流派としてくすぶっていた面々を一挙に〝在庫一掃セール〟の如く閣僚に抜擢《ばってき》した石破内閣。新閣僚は十三人に達し、おまけに、そのなかには世間の厳しい指弾を受ける村上誠一郎もいる。

国会が始まり、ＮＨＫがテレビ中継するなかで衆参の予算委員会で攻防がくり広げられれば、支持率の低下は目もあてられない。

「国会の審理が始まれば、解散・総選挙はできなくなる」

その予測は妥当だろう。即、解散をしなければ、結局、来年秋の任期満了に近いところまで、解散・総選挙ができなくなることを森山ら執行部は「わかっていた」のである。

では、なぜそんな情けない内閣をつくったのか。

そこが問われるのは当然だ。

だが、森山ら中国が「命」の議員たちにとっては、中国にとって最大脅威になる高市政権だけは阻止しなければならなかった。

それを考えれば、この流れは、必然ともいうべきものだったのである。

森山裕が歩んだ道

ここで、政局の鍵を握る森山裕幹事長について見ておこう。

事実上の「石破・森山政権」と呼ばれるほど「実力者」にのし上がった森山は、もともと鹿児島市の市議会議員出身という変わり種だ。

安倍政権下で農水相を務めたあと、史上最長の自民党の国会対策委員長となって野党に人脈を広げ、党内で欠くことのできない人物になった。

父親は南朝鮮の出身で、逓信《ていしん》講習所の訓練生として逓信省の職員募集で内地に渡ってきた青年である。鹿児島県大隅半島の旧鹿屋市の北西部に位置する古江《ふるえ》町の小作農の娘と結婚し、その間に生まれたのが裕である。

戦後は、夫婦で九州電力の電灯検針の仕事をして裕を育てた。父親だけが熱心なクリスチャンだった。鶴丸高校の夜間部に通った裕は、卒業後、鹿児島トヨタで自転車を使って部品配達をしていたが、やがて本田技研の営業マンになった。

鹿児島の古参の自民党関係者によれば、

「部品の販売をすることで培《つちか》ったいろんな人脈があって、やはり、共に韓国をルーツに持つ有力ビジネスマンの知己を得て、中古車販売を始めるわけです。転機は、自民党の青年部に入って、政治活動も始めたことですね。当時の鹿児島は床次《とこなみ》徳二や二階堂進、山中貞則などの有力政治家がいて、特に同じ大隅半島の肝付《きもつき》の出身である二階堂進に可愛がられました」

終戦時の内閣書記官長として知られる迫水久常《さこみずひさつね》は衆院の鹿児島一区から選挙に出て、のちに参議院の全国区でも出馬して、長く国会議員を務めた。その参議院の全国区での選挙の際に、これを応援した山中貞則にくっついて、運転手役を買って出たのが、若き日の森山裕である。

「森山自身が議員になるのは、三十歳となった昭和五十年四月の鹿児島市議会補欠選挙です。ここで初当選して、政治家の道を歩んでいくんです。あの頃から、与野党議員双方に人脈を広げて、思想・信条を問わず、保革両方に強い男でしたよ。

七期連続当選で鹿児島市議会議長にもなって、当時の鹿児島の土木利権を押さえていきました。特に強かったのは、水利事業。〝水の天皇〟と呼ばれたほど、すべてを牛耳っていました。森山を通さなければ、鹿児島の水関連の仕事は、どの業者も取ることができませんでした」

当時から利権調整がお手のものだったことがわかる。国会議員になったのは、一九九八年の参院選である。その一期目の終わりの二〇〇四年に山中貞則が亡くなって鹿児島五区の補欠選挙があった。

「そのとき参議院議員を辞めてこれに挑戦し、衆議院議員になりました。選挙は強いですよ。若い頃から、ずっとやってますからね。例の郵政選挙（二〇〇五年）では、採決で反対票を投じて造反。刺客を立てられましたが、無所属で立候補して当選しましたよ。同じ九州の山崎拓が率いる山崎派に属しました」

第二次安倍政権下で、農水大臣を務めたあと、鹿児島市議会議長時代に磨《みが》いた〝調整型政治家〟の手腕を発揮して、四年二カ月という史上最長の自民党国対委員長を務め、大いなる存在感を示したのは、前述のとおりである。

特に、幹事長の二階俊博に食い込み、可愛がられ、その権力をとことん利用して、日中利権にも深く食い込んだ。

森山は引退する二階から中国利権を引き継ぎ、二〇二四年七月、二階の書簡を携《たずさ》えて訪中し、王毅《おうき》外相と会談。八月末にも二階ら日中友好議員連盟のメンバーと一緒に再び訪中。二階と共に習近平の母校・清華大学にて桜の植樹を行なうなど、中国当局へのアピールに余念がなかった。

森山は、岸田政権下で選挙対策委員長や総務会長という要職を務めたあと、発足した石破政権では自民党幹事長となり、「石破・森山政権」と呼ばれることになるほどの実力者となったのである。

経歴でもわかるとおり、森山に歴史観、国家観、あるいは国家・国民への熱い思いは感じられない。

その後に起こっていく「あり得ない事態」の数々は、この森山裕という政治家を理解しなければ見誤ることになる。

日本中を驚かせた「所信表明」演説

石破は十月四日の所信表明でも、日本中を驚かせた。

「この度、第百二代内閣総理大臣に就任いたしました。私は、日本国内閣総理大臣として、全身全霊を捧げ、日本と日本の未来を守り抜いてまいります。この決意を申し上げるに当たり、まずは、政治資金問題などをめぐり、国民の政治不信を招いた事態について、深い反省とともに触れねばなりません」

そう始まった演説では、もともとの持論や総裁選などで主張してきた政策が「消えてしまっていた」のである。

「政治資金問題に際し、岸田総理は、自由民主党内の派閥解消や政治資金規正法改正などに取り組まれた後に、所属議員が起こした事態について、組織の長として責任を取るために退任されました。これらは、全て、政治改革を前に進めるとの思いを持って決断されたものでした。また、岸田内閣の三年間は、経済、エネルギー政策、こども政策、安全保障政策、そして外交政策など、幅広い分野において、具体的な成果が形になった三年でありました。

岸田総理のご尽力に、心より敬意を表します。その思いや実績を基に、私は、政治資金問題などにより失った国民の皆様からの信頼を取り戻し、そして、すべての人に安心と安全をもたらす社会を実現してまいります」

石破の口から、「現実的な国益を踏まえた外交」、あるいは「日米同盟を基軸に、友好国・同志国を増やす」、「自由で開かれたインド太平洋というビジョンの下、法の支配に基づく国際秩序を堅持する」との言葉が次々と飛び出してきた。

自分を総理・総裁に押し上げてくれた岸田前首相への感謝に溢れた内容である。だが、かねて主張の「アジア版NATO」も、「日米地位協定の見直し」も、「東京と平壌に連絡事務所の設置」も、あらゆる政策が「消えてなくなって」いた。わざわざ、

「日朝平壌宣言の原点に立ち返り、すべての拉致被害者の一日も早いご帰国を実現するとともに、北朝鮮との諸問題を解決するため、私自身の強い決意の下で、総力を挙げて取り組んでまいります」

そう宣言したのに、その先の〝具体策〟には、一切、触れなかったのである。

しかし、ことごとくひっくり返していく自己の政策の中で、具体的な文言こそなかったものの、日朝問題への「姿勢」だけは変わらなかったことが注目される。

石破は、総裁選に向けた政策集に「北朝鮮による拉致被害者の帰国を実現するため、東京・平壌《ピョンヤン》相互の連絡事務所開設など、交渉の足掛かりを作ります」と明記していた。

二〇〇二年の小泉純一郎首相の訪朝による「日朝平壌宣言」は、拉致問題には一切触れず、日本政府は拉致被害者の救出を放棄したともとれる代物である。

「連絡事務所開設」こそ消えたものの、所信表明演説で、「日朝平壌宣言の原点に立ち返り、」との文言をわざわざ入れたところが興味深い。

これは、日朝正常化への方針だけは、石破首相が譲らなかったことを意味している。

日朝議連（日朝国交正常化推進議員連盟）に属し、何をおいても「日朝国交正常化ありき」の石破らしい所信表明演説でもある。その意味で、石破首相という人間の目指す「道」を国民が垣間見た瞬間だったとも言える。

石破は左翼メディアにとって、「政権批判してくれる有難い存在」であり、また同時に、まともな政策もなく、「歪んだ嫉妬心を抱いた政治家」との評も受けてきた。

そのため、石破が主張する政策は誰からも検証されたことがなかった。それがいきなり国家の領袖《りょうしゅう》となり、政策自体が「注目された」から堪《たま》らない。

意気揚々と所信表明で主張しようとしたら、それら「まともではない」政策があっという間に理論的に破綻しており、現状にも反していることが官僚その他から指摘され、「日朝正常化」以外は忽《たちま》ち「叩きつぶされた」のである。

この所信表明演説に噛みついた議員たちの中で注目を集めたのは、国民民主党の榛葉賀《しんばか》津也《づや》幹事長だ。榛葉は、自らの動画配信で、「高市早苗先生にも大変失礼だ」と、こんな発信をした。

「所信表明を聞いてとても残念だったのが、総理が、総裁選挙のときに訴えた目玉の政策が一つも入っていなかったことだね。ご自身の専門分野である安全保障のアジア版NATO、日米地位協定の改定、一言もなかったよ。

夫婦別姓も総裁選のときに、おっしゃっていたね。これについても全く言及がなかった。こういったものに期待をして石破さんに投票していた自民党員や党友の皆さんは、約束が違うって話じゃないですかね。

私は決選投票をともに戦われた高市早苗先生にも大変失礼だと思いますよ、これは。自分自身が総裁選挙で訴えて、曲がりなりにも逆転勝ちとはいえ、勝ったなら、これをきちっと所信表明に入れるべきですね」

おっしゃるとおりである。国民もまた、ポカンと口を開けて、石破首相の言動を見るしかなかった。

だが、一度「石破首相」を誕生させた以上、もはや自民党には、〝引き返す術《すべ》〟はなかったのである。

「比例重複は認めない」

これはまずい。

自民党の人間なら、誰でもそう思うだろう。すでにこの時点で石破首相は「地獄」に向かって突き進んでいた。

ころころ変わる言動や信念のない態度、そして〝だらし内閣〟をつくってしまったこともあり、石破内閣には、大逆風が吹きまくっていた。

そのことにおびえたのか、石破首相は十月六日になって、突然、政治資金パーティーでの不記載問題をめぐり、党処分を受けた旧安倍派議員らの一部を「非公認」とし、不記載があった議員に対して「比例重複を認めない」との方針を打ち出した。

公示直前のぎりぎりの段階での〝豹変《ひょうへん》〟である。つい五日前には、

「新しい事実ということが判明したとすれば、それは調査ということが必要だというふうに認識をいたしておるところでございます。そのようなことに今、立ちいたっておるという風には認識をいたしておりません。必要があればそういうことも行いますが、現在、そういう状況にあるというふうには承知をしておらないところでございます」

そして、

「公認問題につきましては、それは私どもの党といたしまして、選挙区においてどれぐらいのご支持をいただいているのかということをきちんと把握をしながら、公認するか否かということを決定いたしてまいります。必要であればその方々が説明しなさいよ、ということではなくて、公認権者であります私自身が、国民の皆様方に納得していただけるような説明をいたしてまいります」

そう発言していたはずである。

一部メディアは「勇断」と報じていたが、とんでもない。すでにポスターもビラも刷り

上がり、すべての準備が整い、「さあ、行くぞ！」という中での出来事である。その段階が来て、「準備は無駄だった。すべて刷り直せ」という指令が飛んできたことになる。それがいかに理不尽なものか、長年にわたって選挙を行なってきた石破首相は、誰よりもわかっていたはずだ。

経緯を大手紙の平河クラブキャップがこう解説する。

「これは、自民党の選挙情勢調査の結果があまりに悪かったことで生まれたことです。十月五日土曜日夜、党本部の一室に石破、森山、小泉進次郎に石破の最側近である赤沢亮《りょう》正《せい》・経済再生担当大臣らが集まりました。そこで石破首相は比例重複を認めないことを言い始めたのです」

三日後の八日火曜日、石破・森山・小泉の三者協議が行なわれ、石破首相は再び〝処分〟を拡大し、情勢調査で苦戦している議員六人を追加で「非公認」とする方針が決められた。

「石破首相は高市を支援した旧安倍派の面々の息の根を止めたいですからね。そこで不記載議員たちには重複立候補させない代わりに、女性候補を大量に擁立するよう指示したわけです。結果的に女性候補は選挙区二十五名、純粋比例代表三十一名の計五十六名に及び、史上最多になったのです」

有権者も舐められたものである。

（この人は、やはりおかしい……）

口には出さずとも、平河町の自民党本部にそんな空気が蔓延したのは当然だ。自ら選挙で「惨敗」するように持っていく石破のやり方には誰もが首を傾《かし》げた。

日本が危急存亡の折に、政敵を粛清することのほうを最優先し、おまけに「女性なら、それでいい」と、女性自身をバカにした、あり得ないやり方である。

もはや、自民党は石破首相の下、予想通り「破滅の道」を転がり落ちていったのである。

第十二章

凄惨な衆院選

「萩生田、危うし」の衝撃

衆院選は凄惨《せいさん》なものとなった。

野党は「裏金」「裏金」と叫び、選挙の争点が「そこ」だけにあるかのように持っていき、マスコミも追従した。

そもそも国政を与《あずか》る政権与党トップなら、内政や外交、安全保障をはじめ、山積する諸課題に真っ向から取り組む姿勢と具体的政策を国民の前に提示する義務がある。

しかし、石破は、常に〝党内野党〟であり、野党やマスコミに乗って党の執行部をうしろから撃ちつづけた政治家である。

選挙にあたって与党の全権を握って、そのような戦略を立てたこともなければ、味方を鼓舞《こぶ》した経験もない。

その結果、われを失って致命的な失敗を犯すのである。

ひと言で表現するなら、「相手の土俵にのこのこ上がっていった」のである。

生き馬の目を抜く世界で、しかも、政権を争う総選挙で、「相手の土俵に乗ること」ほど愚かなことはない。

相手が「裏金」「裏金」と主張するなら、きちんと反省の弁を述べた上で、堂々と日本が置かれている危機を語り、具体的な政策を語らなければならない。

だが、もとよりそんな常識も、経験もない政治家は、ただ相手が用意した「裏金」という土俵に〝素っ裸で〟上がっていったのである。

最初から「大逆風」の状態をつくった上で戦うのだから、実際の現場で戦う候補者は悲惨だ。直前にポスターの刷り直しを命じられるなど、出鼻を挫《くじ》かれた旧安倍派の候補者たちはもちろん、自民党の候補者たちは、全国で苦戦を強いられた。

象徴の選挙区となったのは、まさに〝政治とカネ〟が最大争点となった東京二十四区である。

ここでは、派閥の政治資金パーティーをめぐってパーティー券販売のノルマを超えて集めた収入二千七百万円余を政治資金収支報告書に記載していなかった萩生田光一・元自民党政調会長が「無所属」で出馬していた。

故・安倍晋三の側近中の側近で、経済産業大臣や文部科学大臣など、多くのポストを歴任してきた文字どおりの自民党の重鎮である。

萩生田は、政治とカネの問題で、一年間の党の「役職停止」の処分を受けた。今回、石破首相の新たな処分により、初めて「無所属での立候補」を余儀なくされたのである。

立憲民主党は、この象徴的な選挙区に、ジャーナリストで元参議院議員の有田芳生を擁立した。有田と八王子は何の縁《ゆかり》もないため、いわゆる〝落下傘候補〟である。

本来なら八王子市で生まれ育ち、市議や都議も経験するなど、固い地盤を誇る萩生田に勝てるはずはない。

だが、この象徴的な選挙区で、最初の世論調査が行なわれたとき、どの調査でも、なんと「有田勝利」の結果が出たのである。

（まさか）

いくら逆風とはいえ、マスコミ各社の情勢調査で「敗北濃厚」が出るとは、萩生田本人も、その陣営も夢にも思わなかったに違いない。

マスコミ各社も騒がしくなった。

「萩生田、敗れる！」となれば、ニュースの価値と規模は段違いのものとなる。俄《にわ》かに東京二十四区は、全国注目の最大選挙区となった。

駆けつける有名人

「裏金政治を許すのですか！　それとも、八王子は裏金政治に真っ向から反対するクリーンな政治をつくる街になるんですか！」

有田芳生の訴えは強烈で、おまけに選挙戦初日から立憲民主党の野田佳彦代表が応援に駆けつけるなど、党の幹部たちが次々、乗り込んできた。組織もフル稼働である。

一方の萩生田陣営も負けてはいない。

危機感を糧《かて》に、かつてない選挙運動を行なった。あらゆる業界への働きかけと、必死の草の根選挙を展開したのである。

「ご心配をおかけし、不快な思いをさせてしまった皆さまに心からお詫びを申し上げます。私は、私的流用や、脱税など、そのような事実は一切ございません。私は八王子の〝土〟になる覚悟で政治をやっています。単に〝腰掛け〟で八王子を選んだ人たちに、この私の故郷を渡すわけにはいかないのです！」

八王子の有権者たちは、

「こんな萩生田さんは、見たことがない」

と、口々に語り合った。

応援演説も盛んだった。

自民党からは高市早苗、茂木敏充、小林鷹之といった有力者が乗り込み、安倍夫人の安倍昭恵や伊吹文明元衆院議長などが連日、詰めかけた。ジャーナリストの櫻井よしこも、何度も駆けつけた。

まさに萩生田人脈総動員である。

巻き返しをはかる萩生田陣営の活動は、世論調査に次第に反映されていった。選挙戦がスタートした際には、有田に水を開けられていた数字が、ある社は逆転し、ある社は僅差《きんさ》となった。

だが、その〝事件〟が起こったのは、選挙の最終盤のことである。

「二千万円公認料」の驚愕

投票日まで「あと四日」となった十月二十三日、日本共産党の機関紙『しんぶん赤旗』

が〈裏金非公認に2000万円　公認と同額　自民本部が政党助成金〉という見出しを掲げて、スクープを放った。

〈自民党派閥の裏金事件で非公認となった候補が代表の党支部にも党本部から総選挙公示直後に政党助成金2000万円が振り込まれていたことが22日、本紙の取材でわかりました。裏金づくりという組織的犯罪に無反省な自民党の姿が浮き彫りとなっています。

内訳は「公認料」が500万円、「活動費」が1500万円となっています。裏金づくりで自民党非公認となりながら、党支部長のままの候補者が8人います。本紙は8人が代表の政党支部に取材。ある支部の会計責任者は「他の支部のことはわからないが、党本部から党勢拡大のための活動費ということで2000万円が振り込まれた」と認めました。

自民党本部は9日に1次公認候補を、11日に2次公認候補を発表しました。非公認支部の会計責任者によると、党本部から届いた13日付の文書には「公認料」の文言はなく、2000万円を「党勢拡大のための活動費」として振り込むという内容だったといいます。

政党交付金用の口座に総選挙の公示直後に振り込まれていたといいます。

「党勢拡大の活動費ということで、選挙には直接は使っていない。事務所の職員の給与や事務所の費用など間接的には選挙に使っているといわれれば、そうかもしれないが…」と説明しました。自民党本部は、本紙の取材を拒否しました〉

選挙最終盤の〝激震ネタ〟である。

非公認なのに「公認料」を払うって何？　一斉に野党から、そして、マスコミから非難の声が上がったのは言うまでもない。ネットでは、

「偽装非公認」

「これが裏公認だ」

「自民党、どこまで腐っているのか」

そんな声が満ちたのである。

なぜ、わざわざこんなことをするのか。しかも、なぜ洩れるのか。それとも、非公認候補を落とすために嫌がらせでやっているのか。

さまざまな憶測が飛んだのは当然である。

ある自民党の公認候補は、こう怒りをぶちまけた。

「有権者から、一体どうなってんだ、何をやってるんだという声は、メール、あるいはX

へのリプも含め、たくさんきましたよ。マスコミの人は、もう、そのまま、うしろから弾を撃って、ダメ押しをした、みたいな捉え方でしたね。支持は、顕著に下がりました。受け取った選対、受けた議員側は、わざわざそんなことを言わないから、当然〝情報洩れ〟ということでしょ。

うちは公認だから来てないのでわからないけど、公認されてない人にも公認料五百万ってのは明らかにおかしい。だって公認されていないんだから。こんなんだったら最初からしなきゃいいと誰でも思いますよ。本当に迷惑です」

萩生田は即座に反応した。自らの動画チャンネルで、この問題への意見表明を行なったのである。表面上は抑えていたものの、表現しようのない怒りが観る者に伝わってくるメッセージだった。

「私は、これまで執行部への批判は控えてきました。しかし、非公認の基準や今回の政党交付金の交付に関する執行部の対応は、首を傾げざるを得ません」

そう前置きして、萩生田は、あり得ない自民党執行部のやり方に痛烈な批判を口にした。

「この度、非公認候補に対して自民党本部から政党交付金が支給されたとの報道がありました。それまで全く存じ上げず、確認をして初めて私が支部長を務める自民党東京都第二十四選挙区支部の政党交付金専用口座へ、二千万円が選挙公示後の十月十六日付けで振り込まれたことを確認しました。

当然、今回の選挙費用として全く使用しておりません。政党交付金は一般的に党勢拡大のために使われるものでありますが、今回、私は無所属候補でありまして、自民党のマニフェストさえ届いておらず、党勢拡大の何について一体使用できるのか非常に分かりにくく、誤解を招くものであると感じております。

そのため、なぜこのような選挙期間に急に支給を決定したのか、また事前に連絡もなかったのか、執行部の判断に対して大変疑問を抱いております。これまで私は執行部への批判を控え、目の前の選挙に専念をしてまいりました。

しかし率直に申し上げて選挙直前の非公認の基準、そして今回の政党交付金の交付に関する執行部の対応、首を傾げざるを得ません。そもそも個人的な関係でも、閣僚やあるいは幹部は応援に行ってはならない。そのくらい厳しい対応をしているにも関わらず、突然、このような資金を振り込まれても正直申し上げてありがた迷惑な話だと思います。

選対の幹部の皆さんは裸一貫、とにかく無所属で頑張ろう、皆さん心ひとつにして戦っている最中にこのような報道が起こること自体が我々にとっては迷惑な話です。今回の政党交付についてはあらぬ誤解を招いているため、返金も含めた対応を自民党本部と協議して参ります。引き続き、無所属候補として正々堂々と選挙戦を戦い抜く決意でございますので皆様のご理解とご支援を心からお願い申し上げたいと思います」

抑えようとしても抑えきれない憤激が伝わってくる。

間違いなく選挙最終盤の致命的な打撃だった。ひょっとしたら、後半戦になって奮戦、健闘する自分たちを落とすための方策なのか、そんな声さえ出るのも無理はなかった。

くり返してきたように石破は常に党内の反主流、いや、傍流であり、権力の中枢で政権運営のダイナミズムを経験したこともない。

一手にカネを握る森山裕幹事長も急速に力はつけてきたものの、権力の中枢での経験値は高くない。どのタイミングで、誰に、どう資金を渡せばいいか。そんなことは全くといっていいほどわかっていなかったのである。

翌日、萩生田事務所は、当該の二千万円を党本部に返却した。

「これは致命傷だな。自民党への決定打になる」

マスコミの間では、そんなささやきが交わされていた。

新潟五区・高鳥修一の場合

注目の新潟五区では、自民党保守派の重鎮・高鳥修一の苦戦がつづいていた。

高鳥は安倍晋三が健在のとき、「総裁特別補佐」として活躍した。父・高鳥修は、田中派（現・平成研究会）に属していたが、自身は政治信条が重なる安倍晋三に共鳴しており、二〇〇五年九月の第四十四回総選挙で初当選後、わざわざ単身上京して安倍を訪ね、「弟子入り」して同じ派閥に属させてもらった経緯がある。

ひたすら安倍晋三を師と仰ぎ、政策を磨き、いつの間にか「保守派の重鎮」となったのが高鳥修一である。

その高鳥は、野党がつくり上げたいわゆる〝裏金問題〟の土俵に石破首相が上がっていったために「勝つはずの選挙」で想像以上の「苦戦」を強いられていたのである。

ライバルの立憲民主党・梅谷《うめたに》守候補が二〇二四年二月、選挙区内で有権者に日本酒を配っていた現場を地元のタウン紙に撮影され、公選法違反の疑いで刑事告発された。

党から一カ月の「党員資格停止処分」を受けたが、そんなことで済むレベルではない。

今後、捜査結果と司法の判断次第で「公民権停止」の可能性もある。

その梅谷と戦う高島は、安倍派からのキックバックが五年で五百四十四万円あり、これを政治資金収支報告書に記載していなかったことで、党から直前に比例との「重複立候補」を許されなかった。

つまり、背水の陣の戦いとなったのである。

公示後、まもなく応援演説に駆けつけたのは、高市早苗・前経済安全保障担当相である。総裁選の最後の最後でまさかの「逆転負け」を喫したものの、ほとんど総理・総裁に「届いていた」保守派の切札である。

何をおいても高市が高鳥のもとに参上したのだ。

「皆様、こんにちは。日本列島を強く豊かに。高市早苗でございます。皆様の大切な新潟県を強く豊かにしてくれるのは高鳥修一でございます。去年、上越は渇水で大変な思いをされましたよね。ほんとにご苦労が多かったと思います。その時、実は、新潟県は補償対象に入っていなかったんですよ。

高鳥修一さんが本当に走りまわって、農水省とも相談しながら、ちゃんと補償の対象にする。また、井戸ですとかため池ですとか、いろんな対応をする段取りをつけられた。去年、どんだけ高島さんが頑張られたか。多くの皆様ご承知なのかもしれませんが、本人、この性格ですから、俺があれやったとか、これやった、とか言わんのですね」

高市は高島の中央政界での奮戦ぶりを紹介しながら、こう力説した。

「先般の総裁選挙で私は完全にしくじりましたが、多くの皆様に応援をしていただき、その先頭に立って、まさに政治生命をかけて戦ってくれたのも高島修一さんでした。本当にこのご恩は忘れられません。政治家にとって、推薦人として名前を出すというのは、負けたらもう完全に干される。何の肩書きももらえない。ポストももらえない。

高島さんの場合はもうすでに農林水産副大臣もやり、衆議院では農林水産委員長もやっている。要は閣僚と同格のポストですよ。だって、国会の委員長というのは三権分立で行政と対峙するわけですから。そこまでやっている、入閣候補ナンバーワンに近いところにいる、その立場で勇気を振り絞って、私の推薦人になってくださいました」

高市は高島への恩義を聴衆に示しながら、政治家・高島修一の「本質」についてこう説明していった。

「高島さんと私が一緒にいろんな行動をしているその理由。これは国家観が同じだからです。とにかく、国の究極の使命は何かということを一番共有しているのは私たちです。国民の皆さまの生命と財産を守り抜く。そして、領土、領海、領空、資源を守り抜く。そして国家の主権と名誉を守り抜く。

これはもう何よりも大切な国の使命。でも、その使命を果たそうと思ったら、今、もう歯を食いしばってでも日本の総合的な国力、国の力を強くせないかん。今のタイミングやったらできる。ギリギリの段階に日本はあります。国力とは何か。それは外交力であり、そして防衛力であり、経済力であり、技術力であり、情報力であり、人材力です。六つの力を強くしていこうと思ったら、経済成長、本当に必要な時なんです」

聴衆を圧倒する熱弁

高市の演説は熱を帯びていった。〝なんとしても高鳥を国会に戻してほしい〟、〝日本国を守るために当選させてほしい〟との必死の応援である。

「食糧自給率も上げましょうよ。そのための投資をしましょうよ。全ての田畑がちゃんとフル活用できるように。そして今、陸上養殖の技術だと世界トップクラスですよ。そして、植物工場だって今、世界トップクラスの技術を日本の企業も持っている。でも、初期投資が高い。そこのところに国費を入れましょうよ。

そうしたら、私たちだって、もしも周辺有事が起きても、それから複合的に自然災害が続いて、残念ながら田畑がダメになっちゃったとして、今年は収穫できない、そういった時にも生き延びていけるんです。だから、私たちが生きていくために必要な投資をしっかり行う。だから、食料自給率を上げる、エネルギー自給率を限りなく上げていく。そしてしっかりと皆さまの命を守れる国の強靭《きょうじん》化、国土を強くしていく。

そのための投資というのは、今、お金を使っても、未来の世代が助かるんです。次の世代に残せるんですよ。これは、いま生きている私たちが残さなきゃいけない財産なんです。だから、そこにお金をかけよう。でも、それは必ず税収で帰ってくるし、次の世代も喜ぶ。そういった賢い投資を私たちは求めてまいります。そのために戦ってまいります。年末になると税制調査会、そしてまた来年度予算に向けた議論が党内で始まるんです。その時、高鳥修一がいなかったらどうなりますか！」

積極財政派の高市と高鳥は、財務省主導の緊縮路線では、日本が立ちいかなくなっていることがわかっている。過去三十年間の「財政失策」をどう変えればいいか、を理解している保守・現実派政治家なのである。

「今、需給ギャップが四兆円あると言われています。需給ギャップというとちょっとわかりにくいですけれども、でも、需要が四兆円、足りとらへんのですよ。だから経済はまだ良くなってないんですよ。こんな時に増税したらどうなりますか。もっともっと皆さんの消費マインドが落ちてしまう。会社も儲からない。税収も増えない、お給料も上がらない。そうなっちゃいますよ。

そういう時に国がしっかりと国費を投入して、この四兆円を埋めるんです。埋めることが必要なんです。とにかく供給よりも需要が上回っていくと、物を作る人たち、あとサービスを提供する人たちは、需要がすごく増えているんだから。それだったら生産性を上げなきゃ。

設備投資もします。いい人材も雇います。いいお給料を払ってでも一生懸命人を集め、設備投資もします。その設備投資をしたら、また機械やソフト、いろんな会社が儲かりますよね。そこからもう税収も入ってくる。

今、そういう風にして、だんだん、だんだん需要が供給を上回っていく、そういう経済を作んなきゃいけない瀬戸際にある。経済政策を今、間違えたら日本は沈没します。とにかく今、経済政策でしっかりとした手を打つ。さっき高鳥修一さんがおっしゃったように、必要な公共投資をやるということなんです！」

高市の熱弁は聴衆を圧倒した。「日本を守り、発展させるため」に必要な人材が、高鳥修一であることが聴く側に伝わる演説だった。高鳥は、

「私は高市早苗さんを総理大臣にしたいと思っております。この選挙が終わったら、私を国会に戻していただいて、今度は私が高市さんを応援する番です。そして高市政権をつくって、地方に元気と活力を吹き込んでいきたいと思います」

そう宣言した。

だが、立憲民主党の梅谷守の応援に入った野田佳彦代表の演説が露骨だった。新潟五区の大票田・上越市で、聴衆を前に野田はこう語ったのだ。

「梅谷さんのライバル（注＝高鳥修一のこと）は五百万円以上の〝裏金〟をつくった人ですよ。政治倫理審査会での説明責任も果たしていません。脱税の疑いがある人が、税金の使い道を決める政治家で、果たしていいのでしょうか。ここは、有権者が〝ペナルティー〟を与えるしかないのです！」

この演説に怒ったのが高鳥陣営だ。

高鳥事務所には、五年間で五百万円余の不記載があった。会計責任者が派閥事務局から

の指示に従って一律に「不記載の処理」をしていたのである。

だが、すべてに領収書があり、「使途不明金」はない。

つまり、私的会食や個人の物品購入にあてた疑念は高島事務所には存在せず、そのため「脱税」の疑いはないのである。

そのうえで「完全な形」で収支報告書の訂正を終えており、そのため、東京地検特捜部の聴取さえ受けていないのである。全部で十一人が起訴された政治資金規正法の不記載問題で、高島の場合、「脱税」や「使途不明金」などの疑念が生じる余地がない処理がなされていた。

「使途不明金があり、私的流用の疑念を払拭できない議員は、納税すべきです」

高島は一般論として脱税にあたらないことを国税庁にも確認し、わざわざ記者会見を開いて〝お詫び〟とともに、この問題の処理が終わったことを公表している。

そのため高島陣営では、野田の演説内容が許せなかった。

「この演説は、公職選挙法の〝虚偽事項の公表〟に該当する可能性がある。これが許されるはずがない」

高島陣営からそんな怒りの声が上がったのである。

有権者に日本酒を配り、公職選挙法違反が疑われている候補の応援に入って、相手を全く事実ではない「裏金」「脱税」呼ばわりする醜悪な選挙戦は、残念なことに全国で横行していた。

凄まじい高市の応援行脚

選挙戦で注目を集めたのは、なんといっても高市早苗の奮戦である。

党員投票でもトップで、議員票も合わせて総裁選の第一回投票で圧倒的な一位となった高市は抜群の人気を誇っている。自民党の岩盤支持層である保守・現実層の高市への信頼と人気は他の追随を許さない。

そのため、応援要請は恐ろしい数にのぼった。

〈高市早苗来たる！〉

その知らせがネットで流れると、どこでも驚くべき数の聴衆が集まった。

当初、高市のもとには、全国百二十カ所を超える要請があったが、選挙戦の「十二日間」でとてもまわれる数ではなかった。

なかには、総裁選で敵陣営だった議員からの要請もあった。高市は仲間を当選させるために超人的なスケジュールをこなしていった。

公示前から殺到した高市への応援要請のありさまを産経新聞は十月八日、〈自民・高市早苗氏「反石破」の旗頭か　衆院選で再始動、応援依頼殺到、麻生・茂木氏も接近〉とのタイトルでこう報じている。

〈自民党の派閥パーティー収入不記載事件に関係した議員の公認問題を巡り、石破茂首相（自民総裁）に対する旧安倍派議員らの反発が強まる中、高市早苗前経済安全保障担当相が反石破勢力の〝旗頭〟になる可能性がある。

15日に公示される衆院選で、高市氏は党内からの応援演説依頼が殺到しており、全国を飛び回り党内基盤固めを図る。

「すでに１２０カ所を超えている」。高市氏の事務所関係者は応援依頼の多さに驚く。総裁選で高市氏を支援した議員だけでなく、林芳正官房長官や河野太郎前デジタル相の陣営だった議員からも依頼があるという。

高市氏は先月27日の総裁選で党員票トップで、保守派人気を裏付けた。推薦人20人のうち14人を占めた旧安倍派からの期待は今、さらに膨らんでいる。政治資金収支報告書に不記載が確認された旧安倍派などの議員に関し、公認した場合も比例代表との重複立候補を認めないなど厳しい対応を首相が決めたからだ。

旧安倍派の中堅議員は「政権を支えようと思ったがもう無理だ」と漏らした。主流派と非主流派のミシン目が浮き彫りになった党内。「高市氏の出番が早くなる」。側近議員がつぶやいた〉

高市は総裁選後、石破からの党の総務会長への要請を断わっている。つまり、閣僚でもなければ、党の役員でもない。ヒラの一議員である。

そのため、応援に対する必要経費は一切、出なかった。自腹である。

航空機、新幹線、特急……あらゆる交通機関を利用するとともに、関東圏や近畿圏では、それぞれ高市事務所の車を使ってフル活動したのである。

公示翌日には、先の高島修一の応援で新潟入りしたのに加え、この日だけで新潟、長野など三カ所をまわっている。

しかも、それぞれの応援が高島への演説でもわかるとおり、通りいっぺんではない。高市は渾身の力を込めて、それぞれの応援演説をこなしていったのである。

高市は、まわりきれない候補者たちには、応援動画で対応した。連日の応援の合間を縫って、候補者それぞれの集会や配信用に動画を録っていったのである。まさに超人的なスケジュールだった。

選挙戦最終日の十月二十六日、高市は大阪・梅田に現われた。中山泰秀・元外務副大臣の応援のためである。

中山は、高市にとって大切な同志である。外務副大臣や防衛副大臣、自民党外交部会長を歴任してきた中山は、国際的な人脈を誇り、高市の相談相手である。海外に張りめぐらせたネットワークは政界でも特筆される。

午後二時過ぎに来るはずの高市はなかなか現れなかった。朝から何カ所もまわれば、時間が押すのはあたりまえである。

梅田のヨドバシカメラ前のコンコースや一階通路で待ちつづけた聴衆の前にやっと高市が姿を見せたのは、午後三時を過ぎてからだ。

「皆さん、私と中山泰秀は、コンビとして働いてまいりました。三年前の衆議院選挙も、私は中山やっちゃんを、泰秀さんを、とお願いに上がりました。結果は本当に残念でございましたけれども、でもそのとき私は政調会長でございました。

〝やっちゃんがおらんかったら、やっていけんねん〟ということで政調会長特別補佐として、電磁波、こういう分野のエキスパートでもある中山泰秀さんにお願いをしてお願いをして、政調会長特別補佐として一緒に仕事をしてもらいました。

交通費も出ません。時給もありません。それでも何度も何度も東京に来て、私に知恵をつけてくれました。世界各国に人脈がある、すごい人脈を持っています。そういう素晴らしい人たちを私に会わせてくれ、たくさんの仕事をしてくれました。まさに今、総合的な国力をしっかりと強くしていかなきゃいけない、日本は大事な大事なときでございます。その大きな仕事を中山泰秀さんとともにやらせてください！」

全身に力を込めた必死の応援である。

「本当に私は中山さんからいろんなことを学びました。特にサイバーセキュリティ。私自身も長く取り組んでまいりました。皆さま、想像してください。例えば、電力会社がサイバー攻撃を受けて七十二時間電力が供給されなかった場合、どうなりますか。普通の総合病院では、十時間でもう電力供給ができなくなってしまうところもあります。病院でたくさんの方の命が危険にさらされる。

もっと怖いのは、ご自宅で人工呼吸器使うてはる方で、こういう方もたくさんおられます。でもご自宅で人工呼吸器使ってる方が、どこに何人いてはるかということを自治体が全く把握できてない。こういうシミュレーションもしっかりしなきゃいけないし、何よりもサイバー攻撃に強い国をしっかりとつくらなきゃいけない。中山泰秀さんは、私よりもはるかにサイバーセキュリティの知識があり、どうしたら国を守れるか、こういった技術に関する知識もあります。

私たちの大切な命を守るために、まず、中山泰秀という世界的にも名前が知られた、そして世界各国を飛び歩いて素晴らしいネットワークを築いてこられた中山泰秀さん。この選挙区から絶対に、絶対に永田町に戻してください。まずは心からお願いを申し上げます。国民生活を守る。これは中山泰秀さんの非常に強い思いです。

安心して生きていける、長生きして良かったなと思える、そういう日本をつくりましょう。そのためにも、中山泰秀。中山泰秀。皆様、今日はご家族と一緒に、もう期日前の投票をやっていますから、投票のように足を運んで中山泰秀と書いてくださいー」

渾身の応援演説が、大阪・梅田でも炸裂《さくれつ》した。もう歩くのもやっとなほど疲労困憊《こんぱい》のはずなのに、一体、どこにこれほどの力が残っているのか。そんな熱弁だった。

選挙戦が終わったとき、高市は要請された百二十カ所には及ばなかったものの、「四十六カ所」の応援演説を果たした。〈高市早苗Instagram〉に高市は、自らこう記している。

〈本日までの12日間の選挙戦、初日を除く11日間で全国46ヶ所の同士の応援に行かせていただきました。

最後の応援は京都でマイク納めをご一緒し、20時を迎えました。奈良に戻って自分の選挙事務所へ。スタッフ皆んなで迎えてくれました。留守を懸命に守ってくれた一人ひとりに感謝を込めて挨拶致しました。お気持ちをお寄せいただきました全ての皆様に心から感謝を申し上げ、新たな目標に向かって進んでまいります〉

高市がまわったのは、北海道、宮城、新潟、長野、茨城、埼玉、東京、神奈川、岐阜、愛知、京都、奈良、大阪、兵庫、福岡、佐賀、長崎、大分である。

全十八都道府県四十六カ所の応援演説――懸命の高市の応援行脚はこうして終わった。

だが、石破自民党にとって、選挙結果は惨憺《さんたん》たるものだった。

選挙戦中盤から、マスコミの厳しい世論調査の数字が出ていた。完全に「裏金」という相手がつくった土俵に上がった以上、こうなることはある程度、予想がついただろう。最終盤に自ら犯した「非公認候補への二千万円支給」問題など、石破以下、自民党執行部の〝素人ぶり〟は、永田町で怒りとあきらめで迎えられた。

萩生田光一は、それでも七万九千二百十六票を獲得して、七万千六百八十三票を獲得した有田芳生を辛うじて振り切った。

高鳥修一は九万二千五百八十九票を獲得したものの十一万四千四百二十九票を取った梅谷守に敗れた。惜敗率は八〇・九％で、比例重複が認められていれば比例復活できた。

中山泰秀は鉄板の強さを誇る維新に対して健闘したが、六万四千四百二十四票の獲得にとどまり、九万四千百二十九票を得た美延映夫《みのべてるお》に敗れ、落選した。

政治資金報告書への不記載候補は、全国で四十六人、そのうち当選したのは十八人に過ぎず、二十八人が落選した。比例重複が認められていれば、議席を獲得できていた高鳥のような候補者たちには、特に「石破への恨み」を残す残念な結果となったのである。

ちなみに高市早苗が応援した候補者四十六人のうち、当選したのは十七人だった。産経新聞は比例復活をカウントしない算出法で〈石破茂首相の応援入り小選挙区「13勝63敗」

で大きく負け越し「国民人気」に疑問符〉とのタイトルで、以下の記事を配信した。

〈石破茂首相（自民党総裁）が先の衆院選期間中、応援演説に駆け付けた与党候補者77人のうち小選挙区での勝敗は13勝63敗（残り1人は比例単独立候補で当選）と大きく負け越した。19人は比例復活当選を果たしたが、44人は落選。首相のセールスポイントとされる「国民人気」に疑問符がつく結果となった。

「厳しい結果は自民党の改革姿勢に対する国民の厳しい叱責と受け止める」。投開票から一夜明けた28日、首相は記者会見で沈痛な表情で語った。

首相は選挙戦初日の福島県を皮切りに、北海道や鹿児島県など延べ27都道府県で、自民党独自の調査をもとに「接戦」や「劣勢」と判定された選挙区を訪れ、総移動距離は約1万4000キロに上った〉

いずれにしても、常勝・自民党にとって、「少数与党」に転落する致命的な大惨敗となったのである。

第十三章

メルトダウンする日本

現われた〝敗軍の将〟

続々と落選が決まっていく自民党議員。開票が進むにつれ、永田町の記者会見場には、重苦しい空気が張りつめていった。

史上初の国政選挙六連勝を成し遂げた安倍時代には、考えられない雰囲気である。次々と当選の報が届き、歓声と大拍手の中で赤いバラをつけていくという〝あたり前の光景〟がそこにはなかった。

安倍退陣後も、岸田政権発足直後の二〇二一年十月三十一日投開票の総選挙、安倍が凶弾に斃《たお》れた二日後にあった二〇二二年七月十日の参院選でも、自民党は勝利を手中にしている。つまり、選挙といえば、「勝つ」ことが当然だったのだ。若い記者たちにとっては、もちろん、初めての体験だった。

しかし、石破首相が成し遂げた悲願もあった。

憎くてたまらなかった安倍派の連中に「壊滅的打撃を与えたこと」である。解散前に五十七人を擁した旧安倍派の衆院の勢力は、二十二人に激減したのだ。

この解散・総選挙で唯一、石破首相が満足したのは、その一点だけだったといえるだろう。

同志たちの討ち死にが次々と明らかになる中、夜十時を過ぎてようやく石破は、マスコミの前に姿を現わした。

真っ先にやりとりしたのは、フジテレビである。以下は、FNNプライムオンラインに掲載された石破首相とフジテレビとのやりとりだ。


――今のところ大変厳しい自公過半数割れという石破さんが掲げた目標ラインを下回っているが、ズバリこの結果をどう感じているか。

石破茂首相「うん、大変厳しい状況だということはよく認識をいたしております。まだ相当の議席が残っておりますので、最後まで見なければわかりませんが、現状においては極めて厳しい状況だと、ご審判を賜っているなということは認識をいたしております」

――過半数割れということになると、これはもう負けということだと思うが、もしそうなった場合、敗因はどこにあると思うか。

「それはこれからよく分析をしてみなければわかりませんが、やはり今回の場合に北海道から九州まで、全国私もずいぶん回りましたが、いわゆる政治とカネの問題について、全くご理解をいただけていない、ということが一番大きかったと思います。

ですから、外交とか安全保障とか社会保障とか、あるいは農業政策とか、そういう個々の論点に議論が行かないで、政治とカネということについて、議論が集中したなという感じはいたしております」

——場合によっては、自らの進退は考えられるか。

「これは（まだ）最後まで（票が）開かないので、開いていない段階でそういうことを口にするべきだとは、私は全く思いません」

——非公認の人への二千万円、国民の理解を得られなかったと思うが、これはどうか。マスコミに怒っていたが。

「うん、これはね、選挙中も申し上げましたけれども、法的には全く問題はないというものので、候補者が自分の選挙に使うということも一切ない。それからそれぞれの支部は、我が党は比例区でも戦っておりますのでね。我が党の政策というものをご理解いただくということには当然、それなりの費用が必要なのでね。それはもう今回に限ったことではありません。やっておることなのですけれども、そのことが非常に、候補者が使うのではないかというような、そういうご理解をなさった方が多かったなと。なかなかそこの部分が、ご理解をいただくに至らなかったということだと思っております」

――その二千万円の件、先ほど小泉選対委員長は中継の中で、二千万円を選対委員長の決裁案件ではなかったということをはっきり言っている。これはつまり、それより上というと幹事長と総裁。石破さんはこの二千万円を非公認の議員に対して配ることについて、石破さんの決済が当然あったという、これでよいか。

「いやいやそれは、議員に対してっておっしゃったでしょ。それは違いますということは何度も申し上げておることで」

――伺いたいのは決裁権は小泉進次郎さんにはなかったと進次郎さんがおっしゃっている。では決裁されたのは総裁かということを確認したかった。

「それは常に党のルールに従ってやってることでございまして」

――そうなるとその場合の責任というのは、小泉さんは今回の敗北に関して責任は私が取るというふうに言っているが、それを二千万円に関しては決裁したのは総裁・幹事長であるにもかかわらず、なぜ小泉さんがそこの部分で責任を取らなくてはいけないのか。おかしくないか。

「私は小泉委員長の会見を聞いていないので、そこはわかりません。小泉さんは選挙について、とおっしゃったんではないですか。選挙全体、ですから、小泉さんは選対委員長なのでね、選挙について、そういうふうな言及をなさったというふうに思っております」

――一方、非公認の追加公認については、議席が足りないときには当然必要だという意見もある。石破さんはその非公認で当選された人の追加公認については、直ちに行う、そういう理解でよいか。

「そのことについてはまだ決めておりません。やっぱりこのことにつきましてもね。選挙中にそういう人を公認するということはいかがなものかというようなご議論がずいぶんございました。私どもとして、ルールはルールとして、国民のご理解をいただける決定なのかということもよく考えていかなければならないと思っております」

――今回の選挙にかけてスピード解散、これが党利党略という受け止め方もあったかと思う。しかしながらその党利党略、結果をみると、意外にうまくいったという評価も可能かなと思うが。

「それはどうでしょう。党利党略でやったわけではないのでね。これは。ですから、震災対応、豪雨対応、これは予備費できちんとやります。そしてまた、補正予算、国民の暮らしというものを守る補正予算を編成して成立をさせなければいけません。補正予算って実際に作成の作業に入ってから成立するまで、本格的な補正予算であれば二カ月はかかるので、この期間もきちんととっておかねばならない、そういうような判断に基づくものでございますので」

相変わらず自分の責任問題に発展する可能性のあるものには、一切答えない。事実関係の確認さえさせないのである。

だが、この時点でこれほどの大敗北を喫した石破首相が、まさかその地位に居座ることを予想した政界関係者はほとんどいなかったに違いない。

信じがたい「居直り」

選挙結果は想像を超える自民党の惨敗となった。

公示前の自民党勢力「二百五十六議席」から六十五も減らし、「百九十一議席」となったのである。実におよそ「四分の一」の仲間を失った大敗北である。

各党の獲得議席は以下のとおりだ。

自民　１９１議席（65議席減）
公明　24議席（８議席減）
（以上与党　計２１５議席）

立憲　１４８議席（50議席増）
維新　38議席（５議席減）
国民民主　28議席（21議席増）
れいわ　９議席（６議席増）
共産　８議席（２議席減）
参政党　３議席（２議席増）
日本保守党　３議席
社民　１議席（増減なし）
無所属　12議席（２議席減）

（以上野党　計250議席）

「百三万円の壁」撤廃をはじめ、具体的な減税の方策を示した国民民主党が、若者層の支持を獲得し、四倍増を果たすという快挙を果たした。また参政党や日本保守党といった新しい保守勢力が議席を獲得したのも二〇二四年総選挙の特徴といえた。

それは、具体的に見ていけば、より顕著だ。

各党の比例ブロックの獲得票は興味深い。

自民党　1458万票（前回　1991万）533万票減（26・8％減）
公明党　596万票（前回　711万）115万票減（16・2％減）
立憲　1156万票（前回　1149万）7万票増（0・64％増）
維新　510万票（前回　805万）295万票減（36・6％減）
国民民主　617万票（前回　259万）358万増（137・97％増）
れいわ　380万票（前回　221万）159万増（71・74％増）
共産　336万票（前回　416万）80万票減（19・28％減）

参政党　　187万票
日本保守党　114万票
社民　　　93万票（前回　101万）8万票減（8・25％）

与党の自公があわせて「六百四十八万票」減らしたインパクトは大きい。与党に対して国民は明確な「ノー」を突きつけたのである。自民が失ったのは、実に五百三十三万票にのぼり、二六・八％の減。議席の実数と同じ四分の一の票を失ったのである。

公明党はついに七百十一万票から一挙に五百九十六万票となり、百十五万票の減。史上最高得票だった二〇〇五年八月の郵政選挙での八百九十八万票に比べると、実に三分の一を失ったことになる。

六百万票台さえ死守できなかったことで、「カリスマ池田大作の死去後」初めての国政選は大惨敗に終わったのである。

関西での維新との小選挙区対決にも完敗し、代表の石井啓一まで落選するという公明党始まって以来の屈辱は、来年七月の参院選で果たして晴らせるのか。仮に衆参ダブル選挙にでもなって投票率が上がれば、さらなる惨敗も予想される。

中国との度を超えた連携に有権者が明確に拒否を示したことも要因だろう。日本への侵略・浸透の度を強める中国の〝尖兵《せんぺい》〟と化した公明党に創価学会員ですら大きな疑問を抱かざるを得ない時が来ている。

創価学会員である親の世代が必死で公明党を応援しても、ネットから情報を得ている子供の世代は、もはや親の世代の「信心」や「功徳《くどく》」といった理屈は通じなくなっているのだ。

「池田の死」とともに公明党も創価学会も、存在する意味そのものを失ったのかもしれない。

もう一つの注目点は、勝利したはずの立憲が、実は比例票が七万票しか増えておらず、共産党も八十万票減っており、社民党も八万票減らしているという結果だ。つまり、左翼勢力が実は「惨敗」を喫しているのである。

では、なぜ、れいわが百五十九万票も増えているのか。これらの左翼勢力の票を吸収しただけでなく、国民が望む「減税」主張の政党として受け皿となったことが予測される。

その伝でいえば、左傾化する自民党が岩盤支持層からソッポを向かれた傾向も見てとれる。

自民党は近年、比例代表では、千八百万から千九百万票を獲得し、三〇％台は必ずキープしていた。しかし、今回の「得票率二六・七％」は、二〇一二年の政権復帰後、初の三割切りであり、旧民主党に政権交代した二〇〇九年衆院選と同水準を記録したのである。安倍時代の国政選挙六連勝を支えた保守・現実派は自民党を完全に見限ったことを示している。

参政党と日本保守党という保守政党が揃って、百万票以上を獲得したのも、今回の衆院選の顕著な特徴といえる。

そして、旋風を巻き起こした「国民の所得を増やす減税」を訴えた国民民主党が前回の二百五十九万票から倍増以上の「六百十七万票」を獲得したのは圧巻だった。議席も四倍増で、比例の候補が足らず、三議席も他党に譲ってしまったのは、何としても惜しまれる。

日本国民の意思は「減税＋保守」であったことは明確だった。日本では、やはり左翼勢力より、保守・現実派の国民が多数を占めていることを示す結果だったのである。

では、なぜ自民党は「左傾化」を止めないのか。その検証については、次章に譲りたい。

開き直る石破首相

自民党内では、安倍氏死去後、ひたすら「左翼勢力」が伸長しているが、国民はそのことに「ノー」を突きつけ、両者の乖離《かいり》は、次第に大きくなっている。うしろから弾を撃つ左翼政治家・石破を総理に押し上げたものの、あり得ない惨敗を喫したことがそのことを物語っている。

だが、国民が驚愕したのは、「政権選択選挙」である衆院選で自民党の議員を「四分の一」も落選させ、少数与党へと転落させた張本人が「居座った」ことである。

石破首相は、十月二十八日午後二時、記者会見を開き、こう語ったのである。

「今般の選挙は、政治改革をさらに進めなさいと、そういうご叱責《しっせき》と受け止めております。経済対策、物価高、そのようなものに対する政策を強力に進めよ、という切実な声を承ったということであります。

このような国民の皆さま方のお声に応えますため、国政の停滞を避け、政治改革や経済対策などの課題に先頭になって取り組み、日本創生を実現してまいる所存であります」

耳を疑うとは、このことである。「政権選択選挙」で大惨敗を喫した総理が、その座に居座るというのは、過去にも例がない。政治の常識からもあり得ないことなのだ。

記者の質問は、当然、そこに集中した。しかし、石破首相はこう言ってのけた。

「これから先、責任をどう考えるかということでございますが、これは、私どもとして、このような厳しいお声というものを謙虚に厳粛に受け止めなければならないということ。しかし、この厳しい安全保障環境、経済環境、そういうような状況の中にあって、国政というのは一時たりとも停滞が許されないということであります」

信じがたい論理展開である。さらにこうつけ加えた。

「このような厳しいお声を踏まえながら、私どもとして、この国政を確かなものとして進めていく。国民のご批判にきちんと厳粛に適切にお答えをしながら、現下の厳しい課題に取り組んでいき、国民生活を守る、日本国を守るということで職責を果たしてまいりたい。私は、かように考えておる次第でございます」

長年、永田町を取材してきた政治記者たちは、「ウソだろ?」「まさか」と絶句し、溜息を洩らし、やがてあきらめた。

だが、そこから起こることに、記者たちはさらに啞然とする。自民党政権が、信じがたいような譲歩を立憲民主党に行なったのだ。

国会の委員長ポストは、獲得議席に応じて、各党に配分しなければならない。自民党は、比較第一党ではあるものの、議席数は、自民百九十一、立憲百四十八である。その差、四十三議席。かなりの委員長ポストを立憲に渡さなければならない。

そこで信じがたいことが起こったのだ。大手紙政治部デスクが仰天したのは、

「なんと予算委員長、法務委員長、国家基本政策委員長、憲法審査会長という重要ポストを立憲に譲ってしまったのです。特に予算委員会の委員長。これは、いうまでもなく、ほかのポストを五つ六つ、渡してでも〝死守〟しなければならないポストです。予算委員会はもちろん、国会の花形委員会ですが、予算の審議のみならず、不祥事やスキャンダルも、すべてＮＨＫの生中継の下、審議されるのです」

しかも、予算委員会の展開がすべて「予算の仕上がり」を左右していく。

「予算委員会で証人喚問をする場合もあるし、予算の修正協議も重要になってくる。予算委員会は全閣僚が顔を揃えますから、疑惑やスキャンダルもガンガン審議され、閣僚の資質が問われていきます。委員長ポストを野党が握ると、政府与党が反対を押し切って予算

案を通すという芸当もできなくなる。このポストをとられると、あらゆる意味で身動きがとりにくくなるんです」

読売新聞は十一月九日付で、その意味をこう解説している。

〈衆院各派協議会での委員長ポストを巡る攻防は、野党主導で決着した。自民は強気の姿勢で交渉に臨んだものの、衆院選で与党が過半数を割り込んだことで大幅な譲歩を強いられた。今後、与党が厳しい国会運営を迫られることは必至だ。

立憲民主党の野田代表は８日の記者会見で、委員長ポストが大幅に増えたことを踏まえ、今後の国会審議に臨む意気込みを示した。

11日召集の特別国会に向け、院の構成などを議論してきた衆院各派協議会は８日、常任・特別委員長などのポスト配分を決定した。計17の常任委員長ポストは衆院選前の「与党15、野党２」から「与党10、野党７」と大きく様変わりした。野党に割り当てられた七つのうち、五つを占めた立民幹部は「満額回答に近い」と満足そうに語った。

国会での主導権を巡り、変化の象徴となりそうなのが予算委員長ポストの行方だ。自民は、法案を参院に送るために必要な本会議の開催を決める議院運営委員長を維持するのと

引き換えに、予算委員長を手放した。国会運営に精通する立民の安住淳氏が委員長に就くことが固まっている〉

読売が重視したのは、「法務委員会」の委員長ポストである。ここを野党に取られる意味を選択的夫婦別姓にからめて、こう解説する。

〈数あるポストのうち、立民は法務委員長も強く要求した。選択的夫婦別姓の導入を主張する立民は、別の委員長ポストを自民に返上してまでこだわったほどだ。公明党も導入に賛成の立場で、年明けの通常国会では議論が進展する可能性もある。

衆院憲法審査会長は立憲民主党に割り当てられ、枝野幸男元代表が就任することが固まった。憲法審査会長ポストを野党が務めるのは初めて。

審査会は憲法を含め、情報監視、政治倫理の計三つある。自民、立民両党は委員長について「自民2、立民1」で配分することで合意した。立民は憲法か政治倫理のどちらかを譲るよう強く求めた。自民は政治倫理を渡した場合、派閥の「政治とカネ」を巡る政倫審の開催などで立民主導になることを懸念し、憲法を手放した形だ。

衆院選の結果、改憲に前向きな勢力が、国会発議に必要な総定数の3分の2にあたる310議席を下回ったことも決断を後押しした。

とはいえ、憲法改正は自民の「党是」で、党内からは早くも反発の声が出ている。自民の坂本哲志国会対策委員長は8日、党内の保守派の重鎮らに謝罪して回った〉

憲法審査会の会長ポストまで手放せば、憲法改正を党是とする自民党内で反発が起きるのは当然だ。だが、「左翼革命」が進む自民党では、当然の帰結といえる。

読売の報道を裏づけるように野田佳彦立憲代表はこう語った。

「今回から国会の風景が大きく様変わりすると思います。ドント方式で常任委員長、特別委員長を確保するようにいたしました。当初、常任委員長を七つ、我々は取ろうとしていましたけれども、一つ減らして六つにしました。理由は、どうしても取りたい委員会がありまして。それは法務委員会でございます。

法務委員会というのは、選択的夫婦別姓を審議する場所です。これをぜひ採決まで持ち込んでいければありがたいな、と。これは野党全部一致協力できると思いますし、公明党も多分賛成だと思います。自民党を揺さぶるという意味では非常に効果的な委員会だと思います。その委員長を取りに行きました。ぜひこれは実現をしたいと思います。ぜひ皆さんお楽しみにしていただければと思います」

日本の保守勢力の衰退を象徴する言葉である。

アメリカでは、共和党のトランプが民主党のカマラ・ハリスに圧勝し、また、上院・下院ともに共和党が多数を占める「トリプル・レッド」が実現した。

これから現実政策がトランプ共和党政権によって、次々、打ち出されてくるだろう。また欧州でも、移民社会への移行を国民が拒否し、猛然たる揺り戻しが始まっている。

そんな世界の趨勢《すうせい》の中で、日本では、集団的自衛権の行使が可能になる憲法改正や、中国による土地や水源地の買収ストップ、さらに移民促進の阻止、あるいは、緑に包まれた日本の国土を守るために再エネ推進にブレーキを促すなど「国土を守る」動きも完全に止まったことになる。

十一月十一日、特別国会が開かれ、石破茂は第百三代総理大臣に指名された。

その指名選挙の投票中に、石破首相は首を垂れて眠り込むという醜態を演じ、その姿が全国に放映された。

そして、親中方針や移民推進に動くリベラル政治家たちが、ひな壇ですました顔で写真に収まるようすを見て、「左傾化日本」の未来を憂《うれ》う日本人は確実に増えただろう。

「今までできなかったことをこの〝政治状況〟を使って実現したい。国民の意見、多様な意見をできるだけ丁寧に反映しながら、ことの解決にあたっていきたい」

前日に第二次石破内閣をスタートさせた石破首相は十一月十二日、記者団に囲まれてそう語った。これを聞いて、記者たちは思わず声を上げそうになった。

今までできなかったことをこの〝政治状況〟を使って実現する——すなわち「少数与党」であることを利用して、「悲願の政策」を逆に「現実にしていく」というわけである。伝統的な自民党の保守政策とは対極に立ち、もともと増税、女系天皇、選択的夫婦別姓をはじめ、左翼政策が売りものの石破が、この政治状況を利用して左翼政策を実現することを事実上、宣言したのである。

自民党の「左翼革命」によって、日本と日本人の根幹は崩されていくのである。

第十四章

日本国「存立の道」

日本復活の芽は消えたのか

日本は存続の道を自ら閉ざした――。

多くの国民はそんなことを思ったに違いない。当事者能力をもたないような情けない石破茂内閣を見て、自分たちの生活が向上し、毅然《きぜん》とわが国の安全を守ることができる、と考えている国民は極めて少数だろう。

私にとって「高市政権阻止」、「石破内閣成立」、そして「国会の主導権」を立憲民主党に渡す自民党の姿は、安倍暗殺事件以後のこの政党の本質を見事に表わしているように見える。

これまで指摘してきたように、自民党には暗殺事件以降、「左翼革命」が吹き荒れた。激しいせめぎ合いの末に、その完成形が二〇二四年九月二十七日、自民党総裁選で決着した。

私は、二〇二三年から二〇二四年にかけて、普段よりもできるだけ多くの国会議員と接触してきた。本文中でも触れたが、私は自民党の中でも保守・現実派政治家として有名な高市早苗にお願いして、全国でダブル講演会を開催してきた。

多くの国民に、実際に高市の話に耳を傾けてもらい、日本がどんな歴史の岐路に立っているかを知ってほしかったからである。

統一教会問題がマスコミによって引き起こされ、LGBT問題が吹き荒れ、移民大国化が着々と進み、家族崩壊を促す選択的夫婦別姓という名の「強制的親子別姓制度」もやがて実現していくだろう。

いずれも、日本の根幹を揺るがし、日本そのものを「溶《と》かせていく」ものである。

国会議員の多くが、これらの問題点の本質を知らず、いや、逆に「推進」する側にまわっていることが私は不思議でならない。

私は、ジャーナリズム活動の中で、なぜ政治家たちがそんな行動を取るのか「その答えを求めて来た」ひとりである。私なりの答えは持っているのだが、それを示す前に、国会議員の特徴をあらかじめ知っておいていただきたい。

日本は、よく〝平和ボケ〟国家といわれる。

いまも「平和、平和」と唱えてさえいれば、平和がつづくと思い込んでいる人間が圧倒的に多い国である。

戦後、米ソ対立の冷戦下において、日本は、勤勉で、まじめで、清潔で、きめ細かな心を持つ国民性も相俟って、世界を驚かせる「奇跡の経済発展」を遂げたことは周知のとおりだ。

日米安保条約によって、漠然としたものではあるが、アメリカの「核の傘の下にいる」という安心感が一層、日本人を経済発展と平和ボケに駆り立てたとも言える。

独自の防衛力、安全保障環境の整備を唱えると、必ず左翼勢力に、

「あなたは戦争がしたいのか」

「武器を持つことは、そのまま戦争につながる」

「軍国主義の復活は絶対に許してはならない」

との批判が巻き起こり、多くは面倒臭いから、そんな話などしなくなっていった。

政界も、経済界も、官界も、はたまたジャーナリズムの世界も、現在、指導的な地位についているのは、子供の頃に高度経済成長の恩恵を受け、その後の円熟の時代、すなわち〝昭和元禄《げんろく》〟も経験し、高等教育を受けた世代がほとんどである。

太平の時代にまさにその「平和」を享受した恵まれた世代だ。

政界では若返りが進んでいるが、中枢には、やはりこの世代が今も座っている。前述の

ように私は、この一年間、例年以上に多くの国会議員と接してきた。

お互いを「先生」「先生」と呼び合い、頭の中ではまったく逆のことを考えているのに、相手に話を合わせ、自己の主張など、まずして来ないこの世界が正直、私は好きではない。

相手に嫌われないように、まず話し手に同意し、そこから徐々に自己の主張が可能かどうかを探っていく、国会議員特有の性《さが》と話法といえる。

この一年、私はそんな議員たちとどれだけ話をしたか知れない。

そこであらためてわかったのは、多くの政治家が特定の信念やイデオロギーをあまり持たず、耳ざわりのいい話を好むことだ。いわゆる〝綺麗事《きれいごと》〟好きである。

当たり前だが、国会議員は、まずマジョリティの意見を探す。そこに賛同しておけば、少なくとも大きなトラブルには巻き込まれない。そして次に、うわべの正義を重視する。いわゆる「偽善」である。

たとえ、うわべだけの正義でも、「私はこんな優しい心根の人間なのよ」と自己陶酔して、自分自身も、そして支援者にも、満足してもらうのだ。

自分を支援してくれる業界団体や企業、あるいは特定の組合などに利益をもたらすことしか日頃、考えていない国会議員は、大抵、ここで終わってしまう。

その先、「国家・国民」のため、人々の「命」や「国土」を侵略国から守り通すため、「偽善」とは正反対のシビアな「国益がぶつかる世界」に分け入っていく政治家は極めて稀《まれ》だ。

そのため、彼ら彼女らとの対話は、なかなか面白い内容には発展していかない。基本的には、安全保障を中心に、日本が置かれている厳しい現状を政治家たちは「知らない」のである。

なぜ自民党は「左傾化」したのか

なぜ自民党議員は「左傾化」するのか。その理由は先に説明した中にある。

押さえておかなければならないのは、国会議員たちは、「エリートである」ということだ。政治家の一族に生まれれば、一定の学歴は得られるし、語学力を習得するために海外留学もさせてもらえる。

一方、そういう名家に生まれなくても、成績優秀な人間は、たとえば東大法学部に進み、霞が関官僚となり、政界への道が開かれる場合がある。

民間から、あるいは学術界から、マスコミから……政治家になるコースはさまざま存在する。例外もあるが、彼ら彼女らは、日本を代表するエリートたちである。

成績優秀で、受験街道を勝ち組として突っ走ってきたエリートは、基本的に従順で、「勉強してきたこと」を信じ込む傾向が顕著だ。

学校で教えられることに疑問を抱かず、そのまま信じてしまうのである。逆に、教えられることに頷《うなず》かず、「これは違う」と思える人間は、官僚などへの「道」より、仕事としては、「クリエイティブな世界」が向いているだろう。

その意味で、あくまで一般的だが、エリートは素直で、知識や記憶の「集積」こそが貴重であると思い込んでいる。

戦後教育は、徹底して「平和主義」を子供たちに植えつけてきた。

平和は大切だから、それはそれでいいのだが、問題は、平和が全くのタダで、あるいは、何の代償も払わず「得られるものだ」と教育してきたことが、戦後教育の最大の失敗という指摘がある。

権利には義務が伴うと共に、平和には犠牲が伴うはずである。

日本の戦後教育、これは日教組教育とも言い換えたほうがいいかもしれないが、「平和」を強調するあまり、無条件に「平和」を唱えれば、平和は実現し、それを重んじる自分自身は「いい人」であり、戦争をしたい人たちとは全く違うという「自己陶酔」に陥りやすくなる。

また、エリートは、こんな特有の特徴を持つことも忘れてはならない。

「万能感（全能感）」である。「自分は何でもできると思い込むこと」を示す心理学用語である。

小さい頃から成績優秀で、親に褒めそやされ、エリート街道を突っ走ってきた人間が往々にして陥るとされる。私は時々、「俺には何でもできる」と本当に思い込んでいる政治家に出会うことがある。

とにかく「自分はえらい」のだから、官僚を呼びつけて威張り散らす、あるいは、有権者がバカに見えて仕方ない、などの政治家だ。

万能感は、幼児期には誰もが持っているが、成長するにつれて自然に削られていき、普通の大人となっていくのだが、そのままエリートをつづけて国会議員になり、議員同士や支持者からも、「先生、先生」と持ち上げられている内に、知らず知らず万能感を肥大化させているケースが実は多い。

そこで、もとの命題に戻る。

政治家はなぜ「左傾化」するのかという問題である。これまで記してきたことを思い出してもらえれば、すぐわかるのではないか。

戦後教育でトップを走って来た人間には、提示される〝事実〟や〝案件〟を「そのまま受け入れる素地」があり、しかも、記憶し、知識として吸収する力に長《た》けている。

一方、それを批判的に裏読みして拒絶する習慣はない。つまり、耳ざわりのいい話にすぐ飛びつき、取り入れるのである。

たとえば、話題の「選択的夫婦別姓」を例に出すとわかりやすい。

個人の自由にしたがって「選択的」に夫婦が別姓を選ぶなら「そのくらい許してやれよ」という賛成派は多い。この制度に反対することなど「おかしい」と考える人たちだ。

しかし、これは親側からだけの視点で話をしているが、これをもし、子供の側から見ればどうだろうか。

先にも触れたように、父親と母親が別の苗字で、そのため、「自分はお父さんとは一緒だが、お母さんとは苗字が違う」とか、そもそも妹や弟とも苗字が違う、という家族が増えていくということである。

つまり、家族がバラバラの苗字を使うのだ。「親が別姓がいいと言っているんだから、あなたも従いなさい」

そう強権的に親子別姓を実現して、なにかいいことがあるのだろうか。もちろん、祖父母とも関係が希薄になったり、「先祖代々の墓」なども廃《すた》れていくだろうことは先に指摘したとおりだ。

要するに、「これは日本の伝統的な家族制度を破壊するものだ」との意見が一方で存在することに、エリートは思いが至らない。

厄介なのは国会議員たちで、すぐ耳ざわりのいい話に飛びつき、あたかも自分が最先端を走っている政治家であるように勘違いし、自己陶酔することである。

自民党議員になぜ「選択的夫婦別姓」に賛成する政治家がこれほど多いのか。それは、「エリートゆえ」と言ってしまえば、乱暴すぎるだろうか。

中国にヒレ伏す「なぜ」

エリートの特徴に「権威」と「権力」に弱く、強権的な個人や組織を前にすると、たちまち大人しくなったり、萎縮《いしゅく》する傾向がある。そもそも喧嘩などとは無縁の人生を送ってきたのだから、当然だろう。

たとえば、中国を例にとってみると、わかりやすい。

多くの国民が疑問に思っているのは、自民党は本来、保守政党でありながら、なぜここまで親中派が多いのか、という根本的な問題である。

チベットや東トルキスタン（新疆《しんきょう》ウイグル自治区）、南モンゴル、香港……新中国建国以降、周辺地域がどのような侵略に遭い、人権弾圧を受けているかは、今さら説明を要すまい。

そして中国は、新たに台湾侵攻を企図し、「いつ」「何が」起こるか、まったくわからない状態である。そんな国と日本の政治家はなぜ深い関係になるのか。そこが国民には理解できないのだ。

日本人は、国際社会と共に二〇一九年、リアルタイムで香港の弾圧を目撃し、自由と民主主義、そして人権のために「いかに中国と対峙しなければならないか」を思い知らされた。

しかも、「台湾有事は日本有事」と安倍元首相が明言したように、日本にとって、直接的な脅威が「中国であること」もまた疑いがない。

だが、信じがたいことにその最大の〝脅威〟を前にして、自民党のおよそ八割が親中派であることを、どう説明すればいいのだろうか。ここで言う「親中派」というのは、「中国の意向に逆らえない議員たち」という意味である。

日中国交正常化五十年に際して出版した拙著『日中友好侵略史』（産経新聞出版）の中でも詳述したが、日本の政治家の「危機意識の欠如」と「常識のなさ」は、もはや筆舌に尽くしがたいレベルと言っていい。

（なぜここまで中国に籠絡《ろうらく》されるのか）

（おもしろいように掌《てのひら》で転がされる理由はなんだ）

国民の多くは、中国が相手になれば、なぜここまで日本が卑屈にならねばならないのか、本当に腹立たしく思っているだろう。

日本を侮《あなど》り、舐め、「日本はどうとでもなる国」との見下げた態度に、なにも抗《あらが》えない自民党の政治家を思うと、正直、情けない。

だが、それも日本のエリートが持つ「決定的欠陥」によるものであることは後述する。

中国が日本に対して「対日工作」を始めたのは、およそ七十年前からである。日本では、「保守合同」によって自民党が誕生する「以前」からのことだ。

中国で対日工作を指揮したのは、周恩来と廖承志《りょうしょうし》という両巨頭である。当初、日本の左翼政党にしかルートを持たなかった中国共産党が、次第に自民党内の左派勢力である松村謙三をはじめ、有力者に食い込んでいくさまや、池田大作・創価学会会長（当時）に目をつけ、これに接触をはかり、のちに「公明党を操る」ようになっていくさまも『日中友好侵略史』では記述した。

国交正常化から半世紀以上を経た今、その浸透度が当初に予測されたものとは、もはやレベルの違うものとなり、今では政界の〝中国汚染〟は凄まじいものになっている。

かつては、中国側にも「遠慮」があり、日本の政治家と接触する場合、人脈を辿ったり、紹介をお願いしたり、いろいろ気を遣った。しかし、今は全く違う。

日中交流に長く携わるベテラン議員によると、

「昔はそうでしたが、今は一、二年生議員などにも直接、電話がかかってきますよ。議員会館の部屋の電話です。もう遠慮などないですね。誘いの電話は、〝日中問題について一度お話ししたいんですけど、食事はいかがですか〟というような感じです。

元麻布の中国大使館には、食事をする部屋がありましてね。食事はお昼が多いですね。夜なら外のレストランですよ。私が中国大使館に食事に行ったときは、こちらの議員は二人でした。公使は日本語がペラペラです。明らかに、私たちの中国問題のスタンスを感じとろうしていましたね。感触がよければ、次のステップに進むわけです」

一、二年生議員の頃から、自民党議員には、こうして盛んにアプローチがあるわけである。そして、二度、三度、四度……と回数が増えるごとに関係が深まり、やがて中国に招待されるようになっていく。

そんな地道な〝工作活動〟の末、政界に膨大なネットワークを張りめぐらせた中国。さすがというほかない。

エリートたちの致命的欠陥

ここでクローズアップされるのが「エリート」の弱さである。彼らは万能感に満たされているため、おだてや特別待遇に弱い。

しかも警戒心が薄いため、平気で相手に取り込まれてしまうのである。相手が強大であるなら、もともと争いなどしたくないエリートたちは、自ら進んで関係を深めていく。

そして、世界に冠たるこの〝工作国家〟が若い議員の頃から、接触を試み、おだて上げ、中国シンパに仕立て上げていくのである。

しかも、中国の対外謀略機関は、「中国共産党中央対外連絡部（中連部）」と「中国共産党中央統一戦線工作部（統戦部）」の二系統があり、競って手柄を挙げようとするから、始末が悪い。

いざというときに親身になって動いてくれる議員をつくるため、彼らも必死だ。その過程でさまざまなトラップ（罠）が仕掛けられていることは言うまでもない。

中国との太いパイプを自慢する議員は、扱いやすいが、日本の議員は本当に「中国を知らない」ので、深みにずるずる嵌《は》まっていくのである。

だが、いま中国がどんな状態であるかもわからず、工作機関とつき合うことは、本当に危険極まりない。

二〇二四年九月十八日、広東省深圳《しんせん》で日本人学校に通う十歳の男子児童が母親の目の前で中国人の男に刺殺される事件が発生した。腸が引っ張り出されるという残忍な殺され方だった。

「日本人学校はスパイ養成機関だ」

三十年以上にわたる「反日憎悪教育」をつづける中国が、日本への憎しみを煽《あお》りに煽り、二〇二四年六月二十四日には蘇州《そしゅう》の日本人学校にスクールバスで通う母子がナイフで襲われ、止めに入った中国人女性が命を失う悲劇も起こっている。

要は、中国共産党は国の方針として日本への憎悪を極端に高めているのである。それも、日本に対して「東風41型核ミサイル」をぶち込む動画を用いるなど、苛烈さを増している。

特に、福島処理水が海洋放出された二〇二三年八月二十四日以降、中国では人民の間で、どういう「動画」が喝采《かっさい》を浴び、どんな憎悪が渦巻いているか、ご存じだろうか。

代表的な二本を紹介する。一本目は、

〈日本は二つの戦争で中国人民に死傷者三千五百万人を生んだ国である。中国人民は、古い仇《あだ》と新しい仇を両方、打つ。日本に対して、わが国が原則とする〝核先制不使用〟は適用しない。我々は、必ず日本に核兵器を使用する〉

というものだ。二本目は、

〈広島や長崎で使用された原爆では日本を消滅させるのに四百二十発もの数が必要になる。しかし、我が国が持つ東風41型核ミサイルなら、七発で日本を地上から消し去ることができる〉

という内容である。

いずれも、映像では核ミサイルが爆発して人々が焼け、溶けて死んでいくおどろおどろしい光景が表現されている。

この動画が喝采を浴び、同時に中国版ＳＮＳには、小学校での授業風景もよくアップされ、これまた反響を呼んでいる。

例えば、日本軍の「十の犯罪を挙げなさい」と先生に言われ、暗記した日本軍の犯罪を生徒たちが得意気に発表していくものだ。また、福島処理水の海洋放出にあたり、岸田首相の顔写真を出して、

「数十年後、君たちの子孫は人魚になるかもしれません。作文で罵《ののし》りましょう。日本を批判、批判、再批判するのです。ペンを武器として持ちなさい」

と、教師が作文での罵りを指導する映像もある。

ほかにも幼稚園で日本兵に物を投げつけるものや、同じく日本兵の腹を突き刺す訓練な

ど、物事の道理もわからない子供たちの頭を「日本への憎悪」で染め上げていくさまが映される。背筋が寒くなる映像である。

私は中国が民主化するかもしれなかった胡耀邦《こようほう》時代の一九八〇年代から中国をよく訪問した。

日本に学び、技術や理論を吸収しようとした中国は、日本人を尊重し、こんな教育をする時代が来ることなど想像だにできなかった。

しかし、胡耀邦の死と、その追悼のために天安門に集まった大学生たちが一網打尽にされる「天安門事件（六・四事件）」を経て、一九九〇年代から江沢民総書記の下で、徹底した「反日教育」が行なわれた。こうして子供たちは日本への憎悪で洗脳されていったのだ。

そして二〇二三年十二月十三日、千二百万人ものフォロワーを持つ中国有数のインフルエンサーがこんな主張を行い、これまた大拍手を浴びた。

〈古い因縁を清算するのが私たちの世代の使命だ。日本は歴史を歪曲《わいきょく》する教育の下で、日本の侵略戦争はすべて自衛戦争、解放戦争、正義の戦争として美化された。

だから戦争で死んだ軍人や靖國神社の戦犯たちは国を守った英雄となっているのだ。我々は謝罪を待っているのではない。謝罪が役に立つなら、なぜ東風ミサイルが必要なのだ？　彼らが謝罪しても、私はそれを受け入れない。私たちは憎しみを手放す立場にはないのだ。

なぜアメリカ人は日本人への憎しみを捨てられたのか？　なぜなら彼らは自らの手で広島と長崎を焼き払ったからだ。なぜロシア人はドイツ人に対する憎しみを捨てられたのか？　それは彼らが自らの手でベルリンの地に赤旗を立てたからだ。

では我々はどうなのだ？　謝まるも謝らないもない。仇敵《きゅうてき》が謝ることが重要なのか？　いいや！　仇敵は滅ぼされるべきだ。彼らを赦《ゆる》すのは神の仕事だ。私たちの義務は彼らを神のもとに送ることだ。古い因縁を清算することこそ我々世代の使命なのだ〉

背筋が寒くなるような論理展開である。周知のように中国では、政府の意向に反する主張や動画は許されない。つまり、これは日本を核攻撃する、との人民へのコンセンサスをつくり上げることを「中国政府が容認している」ことを示している。

毛沢東の号令ひとつで、紅衛兵をはじめ〝革命の戦士〟たちによって、数千万人に及ぶ迫害死を生んだ中国。私たちに必要なのは、平和ボケして現実を直視できない総理ではなく、国民の生命・財産、そして領土を守り、「平和を守る抑止力」をきちんと構築できる国家の領袖にほかならない。

佳境に入る「国民の戦い」

私は、当初から「二〇二四年自民党総裁選」は日本の存続をかけた戦いであり、最大課題は「対中国」であり、「高市早苗対媚中政治家」との戦いになる、と言い続けた。根底にあるのは、日本が「平和ボケで滅ぶ国」にならないでほしい、との悲壮な思いである。

だが自民党の百八十九人の〝平和ボケ〟エリートによって、日本の運命は暗転した。

私は高市政権を土壇場で阻止した自民党議員を見るたびに、

「この人たちは、日本が瀕している国家的な危機を本当に知らないのだろうか」

と思う。前述のように日本への中国の力による現状変更は「そこまで」迫っているからだ。

徹底した反日教育は、小学生にまで限りない日本人への憎悪を生み出し、駐日中国大使まで「日本人は火の中に連れ込まれる」、つまり、「いつでも東風41型核ミサイルをぶち込むぞ」との恫喝《どうかつ》を行うまでに至った。

海上ブイを尖閣の海域にぶち込んでも、領空・領海侵犯をしても、お決まりの〝遺憾砲〟、あるいは〝口頭の抗議〟しかできない日本を、中国は完全に舐め切っているのである。

このまま「譲歩」をくり返し、互いに尊重し合える日中関係を取り戻すことができなければ、やがて日本は「第二のウイグルと化す」運命が待っている。

そのことがわかっていた安倍晋三首相（当時）は「自由で開かれたインド太平洋構想」という名の「中国包囲網戦略」を確立して、自由主義圏をリードした。安倍は独裁者・習近平国家主席に向かって、

「この島（尖閣のこと）に対する私の覚悟を見誤らないように」

と釘を刺し、中国の動きを封じたことは広く知られている。

中国は見下した相手にはいくらでもつけ上がってくるが、毅然と対峙してくる国とは、決してことを構えない。中国とは〝面子《めんつ》にこだわる国〟であると同時に、〝どこまでも利益を追及する国〟だからだ。

中国への対処の仕方を知る高市は、すでに経済安全保障大臣として、対中国の輸出品に対して隅々まで目を光らせ、軍事転用される可能性があるものはもちろん、中国に技術発展をもたらす可能性があるものも、すべて直接「封じ込んできた」実績がある。

中国にとって「厄介で」「すべてを知られている」「第二の安倍首相」こそ、高市早苗だ。

その高市が総理になれず、日本は菅義偉、岸田文雄に続いて、あろうことか、石破茂がトップに立ち、三代つづけて「国家観」も「歴史観」もない総理が選ばれた。

自民党の「左翼革命」によって、日本は平和ボケ総理を戴いて、歴史上最大の「危機」に対処しなければならない。中国、ロシア、北朝鮮は待ってはくれない。

国家の危機に対峙できる真のリーダーをつくる国民の戦いは、「これから」佳境に入っていくのである。

おわりに

二〇二四年十一月十六日、訪問先のペルーで石破茂首相が中国の習近平国家主席と初めて会談した。

報道によれば、両首脳が日中両国の共通利益をめぐって協力する「戦略的互恵関係」を包括的に推進し、「建設的かつ安定的な関係」を構築することを改めて確認したそうだ。

連日、尖閣海域に中国の公船が押しかけ、海上ブイも撤去されず、国内で反日憎悪教育を行ない、日本人学校に通う児童・小山航平君（十歳）が殺害され、犯人に対して「英雄だ」というお祭り騒ぎが起こる国と、石破首相は「建設的」で「安定的」な関係を構築していくのだそうだ。

もともと親中政治家である石破首相に多くを望むつもりはないが、

「非常にかみ合った意見交換だった。首脳間を含む、あらゆるレベルで頻繁に意思疎通、あるいは往来を図り、課題と懸案を減らしていく」

記者団に石破首相がそんな感想を洩らしたことも報じられ、私は深い溜息をついた。そして、

「石破さん、あなたは深圳《しんせん》の日本人学校の前で航平君が無惨にも殺害されたことが悔しくないのか」

そう首相に叫びたい衝動に駆られた。そして、高市早苗総理だったら、どうなっていただろうか、という思いに捉《とら》われた。

国民の生命・財産、主権、資源、名誉を守ることが政治家の究極の使命だという高市総理なら、間違っても、こんな腑抜《ふぬ》けたコメントなど出さず、日本人児童殺害への謝罪と今後の対策をはじめ、あらゆる要求を中国側に突きつけるだろうと思ったのだ。

なぜなら、毅然とした姿勢を中国に示すことが、日本の存続にとって「最も重要なこと」だからだ。日本は、中国に侮《あなど》られるのではなく、あらゆることに毅然《きぜん》と対処していかなければ、多くの中国ウォッチャーが指摘するとおり、「第二のウイグル」への道を歩む。

それほど、三十年以上の反日教育で植えつけられた中国人による日本への憎悪と、中国共産党の日本に対する支配意欲は強烈だ。

その中国にわざわざすり寄っていく危険性を石破首相はまったくわかっていないのであ

る。

実は、その約一カ月前、石破首相は、すでに致命的な失策を中国に対して犯している。

二〇二四年十月十日、石破首相の外交デビューとなったASEAN首脳会議がラオスのビエンチャンで開かれた際、石破と中国の李強首相が会談。そこで石破は台湾問題に関して、

「日本は日中共同声明で定められた立場を堅持する」

と明言した上で、

「中国と共に〝挑発〟に対応していく」

と語っているのである。

日中共同声明で定められた立場を日本が堅持するとは、要するに中国が主張する「一つの中国」を尊重し、台湾独立や、それを支援する勢力による「挑発」に中国と共に対応していくという意味である。

約一カ月の間に石破首相が行なったわずか二回の日中会談で、日本は中国の言うことに「全面的に従うこと」を世界に宣言したことになる。

アジアのふたつの大国が手を結ぶことに中国国内では喝采だろうが、その中には当然、

石破首相への侮蔑《ぶべつ》も含まれている。

「ここまでコケにされて、それでも日本は怒らないのか」

というものである。

私は、一連の動きを見て、九月二十七日の自民党総裁選を思い出した。

まさにこれをやらせるために百八十九人もの自民党議員たちが自民党総裁に石破を押し上げたのだ、と。先に述べたように、中国に対して毅然と対峙できるのは、安倍元首相の後継者である高市早苗である。

その政権樹立を阻止するために投じられた〝親中票〟は、「日本の未来」をひっくり返し、左翼革命の「完成」を告げたのである。

世界が自由と人権を守る方角に猛然と向かっている中で、日本は正反対へ突き進んでいるのだ。習近平との会談翌日、さっそく石破首相の姿勢にアメリカから強烈なパンチが飛んできた。

トランプとの面会を模索していた石破首相に対して、トランプ側から、

「来年一月の正式就任まで、原則として外国首脳に会わない方針を決めたので、会談には応じない」

との回答が入ってきたのである。早期の会談を目指していた日本側の思惑は頓挫《とんざ》した。すでにアルゼンチンの大統領とは就任前に会っているトランプは、明確に石破首相との面会を拒絶したのである。トランプにとっては、中国と共に歩むことをここまではっきり示した石破首相に対して「俺と何を話そうというんだい？」というのが本音だろう。

自由と人権のために中国とこれからさらに対峙していくアメリカが、好き好んで中国にひれ伏す石破首相と会う必要がどこにあるのか、という意味である。

「トランプ大統領とゴルフをしたり、トランプタワーに行く必要はない。日本は手強《てごわ》いと思わせることが重要だ」

石破首相は、かつてウォール・ストリート・ジャーナル（ＷＳＪ）紙にそう語っていたことも明らかになり、親友「シンゾー・アベ」と敵対していた石破とわざわざ会談する「理由」など、実際にトランプには存在しないのである。

すでにトランプは石破政権を「見限った」という見方も出てきているのも無理はない。

問題は、この同盟関係の隙《すき》を中国やロシア、北朝鮮が見逃すはずはないということである。日本にとって、最大にして唯一の同盟国・アメリカとの意思疎通の欠如は、そのままあらゆる意味での「日本の危機」を表わすからだ。

「今までできなかったことをこの〝政治状況〟を使って実現したい」

二〇二四年十一月十日、そう宣言した石破首相はその言葉どおり、選択的夫婦別姓という名の「強制的親子別姓」を少数与党の中で画策するなど、左翼政策に邁進《まいしん》している。

国家存続の岐路で「左翼革命」によって誕生した石破政権は、自由と人権を重んじる世界の潮流から外れ、これから迷走を加速させるだろう。

国民は果たして左翼勢力の暴走をストップすることはできるのか。

保守・現実派が自民党に再び戻ることはあるのか。

そのことを考える上で、本書が少しはお役に立てるとしたら、これほど嬉しいことはない。この大動乱同時ドキュメントを教訓に、是非、国民の手で日本を救ってほしいのである。

本書には多くの協力者がいるが、残念ながらその名をここに記すことはできないことをお許しいただきたい。ただ、皆さんのご協力で作品が完成したことを、感謝をこめてご報告させていただく次第である。

出版にあたってワック出版編集部の齋藤広介氏と「デイリーＷｉＬＬ」編集長の山根真氏に多大なご協力をいただいた。この場を借りて御礼を申し上げたい。

なお本文は、敬称を略させていただいたことを付記する。

日本が自由・民主・人権のアジアの盟主として毅然とした国に生まれ変わり、いつまでも「存続できること」を心から祈る次第である。負けるな、日本。

二〇二四年　深　秋

筆　者

門田隆将（かどた　りゅうしょう）
1958年、高知県生まれ。作家、ジャーナリスト。中央大学法学部卒業。『週刊新潮』元デスク。『この命、義に捧ぐ―台湾を救った陸軍中将根本博の奇跡』（集英社、のちに角川文庫）で第19回山本七平賞受賞。『死の淵を見た男―吉田昌郎と福島第一原発』（角川文庫）、『なぜ君は絶望と闘えたのか―本村洋の3300日』（新潮文庫）、『新・階級闘争論―暴走するメディア・SNS―』（ワック）、『疫病2020』『日中友好侵略史』『尖閣1945』（ともに産経新聞出版）などベストセラー多数。

「左翼革命《さよくかくめい》」と自民党崩壊《じみんとうほうかい》
政界大動乱同時《せいかいだいどうらんどうじ》ドキュメント

2024年12月13日　初版発行
2025年１月23日　第３刷

著　者　門田　隆将

発行者　鈴木　隆一

発行所　ワック株式会社
東京都千代田区五番町４-５　五番町コスモビル　〒102-0076
電話　03-5226-7622
http://web-wac.co.jp/

印刷製本　大日本印刷株式会社

ISBN978-4-89831-983-3